夢土南極

在探險家的足跡上 修行

尹萍 著

啊，可是人應該去追求
超出他能力所及的目標
不然要天堂何用？

——英國詩人白朗寧

Ah, but a man's reach should exceed his grasp,
or what's a heaven for?

——*Robert Browning*

目錄

楔子：淨土、夢土、最後之土

清洗與放下

回想起來，一九九四年是我生命中的一次大清洗、大拋棄、大放下，只是當時惘然不知。

那年三月，我帶著國中年紀的一雙兒女離開台灣，移居紐西蘭。告別父母與夫婿，放棄工作與熟悉的環境，親恩與友情都拋下，我們三人在舉目無親、語言不通的遙遠國度重新建立一個家。我更首次成為單親媽媽、家庭主婦，生活完全圍繞著兩個孩子轉。

台灣的繁華與便利都置諸腦後。我們無暇回顧，孩子們在一個安靜的小城迅速成長。才過六年，生命進入新階段，我遭遇第二次大放下——不，是比放下更困難的割捨。那是一九九九年～二〇〇〇年，兒女分別離家去念大學。女兒還好，只在一百多公里外的奧克蘭；兒子則萬里遠颺，去了美國。我牽腸掛肚，卻裝作漫不在乎。

接著我迎回夫君：他退休了，從台灣來與我們團聚。更正確地說，是與我重新生活在一起，因為空蕩的家中只有我們二人。這是結婚以來未曾有過的情況。兩人都需要做許多調適。對我而言，是更多的放下：放下自作主張、放下自由行動；放棄掌握方向盤、放棄閉門繭居。家中僅有兩人，內政與外交必須齊一步驟，事無大小皆需互相遷就。

二〇一三年，兩人總算是調適得可以了，卻又搬了家，從寧靜小城搬到大都會奧克蘭。新居比較小，全面清理住了十九年的舊居，大量拋棄有形的物件與無形的記憶。倒也並不特別困難：年紀愈大，需要的東西愈少，願意放棄的愈多。放棄到，好像只剩骨架子。

之前幾年，我也甩掉了身上大部分的贅肉，體重減了十二公斤。人問我是受到甚麼刺激，怎麼把自己飢餓三十至此。其實沒有，只是體察到身體消化不了那麼多食物，倒是需要以運動來維持運轉，於是順應著去做而已。沒有挨餓，沒有採用任何方法。

但搬家期間諸多不順，夫妻倆都病了一場，心情低落。搬到奧克蘭，台灣朋友多了。一位好朋友慰問之餘，想要拯救我於水火之中，邀我去聽佛學課，說是高雄來的一位阿闍梨在家設立私塾，目前正開講《心經》。

以前我對宗教毫無興趣，任何宗教活動都謝絕。我一向自認是儒家子弟，而儒家非宗教。我又反對祈求，反對依靠，認為命運要由自己掌握承擔。

可這會子，不知是因緣成熟還是我反正已經身心丟棄得差不多了，光腳的不怕穿鞋的，去聽聽何妨。

沒想到這一聽，聽了三年。這回，靈魂才真的得到一次大清洗，精神負擔得以大放下。沒有怪力亂神，不祈求也不依靠，只是單純的理解生命本然，並且在日常生活中實踐。

此時再回來檢視家中藏書，赫然發現號稱儒家子弟的我，從大學時代就開始買佛學書，半世紀來陸續收了十餘部，幾十年變遷、幾萬里流離，竟一本也不曾捨棄。說因緣，因緣俱在。而儒家的「誠意正心」，剛好可作為學佛的基礎。

我只是佛法的幼稚園新生，不足為識者笑。可是正因為初學乍練，效果好像比較顯著，家人開心、自己歡喜，便覺得這條道路適合我，走對了。

我的老伴，十二歲隨母受洗為天主教徒，不打算改宗。但是他相信世間道理歸一，本質無差無別；而我學佛之後彷彿慈眉善目些，他受益最多。去看醫師拿高血壓藥時，見醫師倦容滿面，竟然談起老婆學佛之事。五十多歲的白人醫師十分上道，應聲讚嘆道：「善哉，善哉，活在當下！」

原來他們當醫師，工作壓力很大，醫師協會為會員謀福利，從美國請了大師來奧克蘭主持一個「活在當下」Living in the Moment 講習營，他已報名要去參加。

我逐漸覺得，佛法已成全世界共法。以佛法的「止觀」、「安住實相」轉化成的「活在當下」，又稱「正念」Mindfulness，現在是西方顯學，被形容為西方心理學界的一場革命——我向奧克蘭圖書館借來打坐教學CD，主講的美國華府心理師如是說。心理師甚至以催眠法幫助人保持正念，活在當下。

在異邦學佛有這麼個意想不到的妙處：可以參照另一種語文的表述，比較異文化人對佛法的理解方式。我在圖書館還借到幾本英文的佛學入門書，讀之，比中文經書淺近易懂。英文是非常邏輯精確的語言，而寫給無佛學常識的現代英語人看，當然得直接明瞭。

我想學習禪坐，朋友介紹的去處不是台灣任何佛教團體的分支，而是位在奧克蘭外圍山區，印度小乘佛教宗師葛恩卡創立的國際機構「內觀中心」分院，指導老師和學員大都是白人，全程以英語進行。許多白人比我坐得正、坐得久。涉及佛學的英文哲學書和打坐教學CD，以及遍布全球的內觀中心，都強調他們所倡導的不是宗教，而是一種生活的方式，對生命實情的一種闡釋，它超越文化、種族與教派。

我完全同意。我正是這麼看待所學到的佛法。佛法不是宗教，不是中國的，不是印度的，是全人類的。我的幸運在於能讀中文經典，聽經聞法的機會也比西洋人多很多。「法譬如水滌心垢」，讀經聽經，心靈得到洗滌，煩惱容易放下。

這時，我忽然聽到南極的召喚。

險惡之旅

人生很奇妙，像讀偵探小說，一根線索埋下去，你不知道它會在何時何處再冒出頭來，造成怎樣的影響。

話說，二〇〇二年，我幫台北馬可孛羅出版社翻譯了一套書：《世界最險惡之旅》*The Worst Journey in the World*，上下冊，講二十世紀初，英國探險家史考特Robert Scott 率隊遠征南極，艱苦跋涉，到達極點，卻發現挪威探險隊在阿蒙森Roald Amundsen 率領下，已搶先來過。歸途，史考特等五人凍餓病殘，全死在冰雪之中。

挪威探險家 阿蒙森 穿著北極區「因紐特人」的裝扮 探南極

該書文字優美，敘事動人，翻譯時頗受觸動，深深投入。之後也漸漸了解到，史考特其人其事，在英語世界婦孺皆知；在英國、澳洲與紐西蘭，他更是民族英雄，少年典範。

可是過了幾年，我讀到英國記者杭特福 Roland Huntford 於一九七九年所著：《最後之土》*The Last Place on Earth*，從民族性、個性與社會氣氛等層次，分析阿蒙森為何在這場比賽中獲勝。在這本書中，史考特的崇高地位竟被推翻！英雄不堪解析，他的失敗原來並非「運氣不好」，他的悲劇原來是他親手造成！我震驚之餘，寫了一篇文章〈南極的背叛〉談這本書，刊登在《天下雜誌》上。

英國探險家史考特出發往南極點

在史考特與阿蒙森之前，有另一位探險家是南極開路先鋒，名叫羅斯，史考特和阿蒙森都是在羅斯的探險基礎上，進一步探索。

羅斯 James Ross 是十九世紀英國海軍上校。一八四一年，他奉英國海軍部之令，深入南方之南。他來到南極洲陸地最大的凹入，也是地球最南的海洋，命名為羅斯海。羅斯海南部的海面是完全凍結的巨大浮冰，幾十公里厚的整塊大冰，面積大如法國，漂浮在海面。這種巨冰的科學名稱是冰棚或冰架。

羅斯海的這片冰棚，後來定名為羅斯冰棚。冰棚西側有一座大島，叫作甚麼呢？你猜對了：羅斯島。

探險之旅

二十多年來，我旅居在百年前南極探險隊出發之地的紐西蘭。地緣的關係，容易想像他們當年揚帆出海的情況，這些探險故事更易引起我心靈的震動。

然而，在這個遺世獨立的小國過慣了清淡的小日子，欲望愈來愈少，愈來愈珍惜一切資源。雖然地理上接近，我卻從未想要自己去南極看看史考特故事的場景。

我根本反對去南極旅遊，怕破壞那片「最後之土」的環境。

二〇一五年十一月，住在台灣的姊姊忽然要求我幫她研究如何去南極旅行。我勉強承命，豈料網路上一搜索，發現別人不需要去，我非去不可。因為，那些歷史事件和地理名詞，早已在我的夢魂之中沉睡多年，現在甦醒了，正呼喚著我。

去南極有兩條路線，九成以上的人採取阿根廷路線，到的是南極洲半島 Antarctica Peninsula。搭飛機、搭船都可以，需要的時間短，花費的金錢少。冰川、冰山、企鵝、海豹、鯨魚、信天翁，很多很多。風景美極了。

可是這路線探險史蹟很少。關於人類活動的歷史，那邊多半是捕鯨、捕海豹和企鵝的遺跡。

我採取的紐西蘭路線，則是羅斯、史考特與阿蒙森當年所行的路線。

我們的隊伍也叫作探險隊：「追隨羅斯、阿蒙森與史考特的探險隊」In the Wake of Ross, Amundsen and Scott Expedition，因為我們的行程也有風險，而且並非一般的觀光旅行，參與者需要相當的背景知識。

探險史，隊友們幾乎人人耳熟能詳，是一天三頓飯都要討論的話題。每到一處，領隊總會提及這是哪次探險、發生甚麼事件的地點。如果對史考特和阿蒙森的探險故事一無所知，那就經常在狀況外了。

二〇一六年二～三月「院士號」探險隊路線圖

另一方面，也需要具備強烈的生態意識。對自然生態若沒有理解和同情，就只能走馬看花，見表層不見內蘊，無法深刻欣賞南極之美，更不能體會種種奇異見聞給予內心的撞擊。

來回又必須穿越全世界風浪最大的海域。從南緯四十度到七十度，剛好是地球上一個三百六十度海洋環繞的空虛地帶，沒有陸地阻擋，東西南北、上下四方的海流在此匯聚奔竄，風更是呼嘯來去、無所顧忌。南緯四十到五十度的海域，因此得別名曰「咆哮之海」The Roaring 40s，五十到六十度稱為「憤怒之海」The Furious 50s，六十到七十度則是「尖叫之海」The Shrieking 60s。換言之，持續三十個緯度，逃不脫的狂風巨浪。您上了船，要是後悔了？受不了？對不起，沒有退路，不能離船。

修行之旅

小說寫作的理論中，有所謂「大悶鍋原則」：作者必須想辦法把筆下主要人物困在一個情境之中，困在彼此的衝突當中，彷彿扣在大悶鍋裡，逃不脫、避不開，情節才能發展下去。

姊姊容易暈船，最後決定放棄南極旅行。我的老伴也不想去。我單獨上路，將與幾十個陌生人擠在一艘小船上，共度一個多月，用英語溝通；而且要與其中一位同居一間狹小艙房，摩肩擦踵，朝夕相伴。室友姓甚名誰、何方人氏，我事前無從知曉，彷彿「盲婚」。

我並不擔憂。我視南極之行為考驗。跟英語人打交道多年，對西方文化有相當了解，知道怎麼相處。對自己繼承的中國文化也有充分信心，應對全世界可以不卑不亢。

身處他方，得以遠慮。我期許自己已經超越種族與文化的界線，在任何團體裡都能安心自在。修習佛法，追尋的不正是人生終極的大安心與大自在嗎？現在把自己放到陌生人中間，扣在大悶鍋裡面，又飽受風浪侵襲、酷寒催逼，且看能剩下幾絲幾毫的戒定慧？

萬一我不喜歡同船共渡的夥伴，我能保持半分半厘的清淨心嗎？與大群陌生人同鍋共煮一個多月，出來的我會變得更柔軟還是更堅硬？

在報名之前，原已安排好要再度入山參加十天的禪修。報上名之後取消了。我覺得南極之旅會是更嚴格的禪修，因為它不是避世守靜、沉浸私我的修行，而是置身俗世、高度警覺的活禪。

我不覺得自己體力特好，也從來不擅長運動。但我自認身心健康而均衡。尤其這幾年來，可以說就只是練一個「靜」字和一個「簡」字。多數的所謂困難，是自己的心情浮動造成的，我認為。

我欣然等待考驗。衷心期盼這趟探險之旅、訪古之旅、生態之旅，以及，身心驗證的修行之旅。

二月三日傍晚，船從紐西蘭最南端的小港布拉夫 Bluff 出海。這裡的緯度是南緯四十六度三十七分，所以一出港便是「咆哮之海」。

【第一部 南方之海】

在南緯五十度
我們脫離了咆哮之海　堂堂駛入憤怒之海
龐大而優雅的信天翁開始出現在船邊
牠們長長的翅膀伸展成美麗的弧度　卻從不搧動
所有的移動完全憑藉風力　輕巧滑翔
彷彿心動意到　身便隨之
傳說中　牠們是上帝的使者　水手的靈魂

1．小城驚奇

疲倦的靈魂

我們搭乘的是一艘破冰船，頭殼堅固，可以在結冰的海面破冰前進；但兩側無加強穩定裝置，遇風浪顛簸得厲害。

這是室友茱蒂告訴我的。茱蒂很擅長打探消息，旅途中經常提供內幕資料給我參考。她說我寫文章可能用得上。

首次見到她，是二月二日下午，我飛抵紐西蘭最南城市因沃卡格爾 Invercargill 報到，住進探險隊安排的旅館。

一進房間，看見一張大床、一張小床。大床上躺著一個人，當然是我的室友，也就是未來一個多月要與我共用一間艙房的女士。

驚訝發現，她戴著氧氣面罩睡覺！再加上被單蒙面，完全看不見真面目。行李架上攤著超大皮箱，茶几邊上攤著另外一只，衣服、鞋子流溢遍地。

我放下自己的中型塑膠箱，輕手輕腳走出去。

陽光燦爛。夏末午後，南半球的暑氣正盛。市區很小，商店很集中。建築卻古意，可能是我見過古蹟最集中的紐西蘭城市。

太陽偏西時，我去超級市場買堅果當零食，出來卻被一位六十多歲的白人太太攔住。

「請問你是日本人還是華人？」

奇怪的問題吧？我老實回答，是華人。

「太好了，我有一件東西要給你看。」她轉身往停車場走，一邊告訴我，她母親最近過世了，留下一些東西，她拿到一件瓷器，看來可能是骨董，可是沒人知道是日本的還是中國的。

她要我鑑定！我考慮著是否應該找個藉口開溜。但是好奇心戰勝了。

她從車子裡拿出一只青花瓷盤，上面繪著鳳鳥和牡丹。我告訴她這是中國東西沒錯，因為圖繪的母題是中國的。盤底有一枚印，應該是出品的窯廠印記，只是字寫得潦草，我認不出寫了甚麼。

她很高興，說幸運碰到我，收穫很大。我沒有說，可能也不用說，這東西並非精品，恐怕只宜留作紀念。

晚上七點半，探險隊要在旅館餐廳開接待宴。我看室友七點還在睡，把她搖醒。從這時起，我成為她的鬧鐘。

爬起來方看出，這位女士也是六十多歲，身軀龐大，紅髮稀疏，舉動遲緩。

茱蒂一個人住在北島中部的小城外、風景優美的湖邊，開民宿，兼營小農場。兒女已長大離家，丈夫幾年前「跟一個比他自己還老的女人跑了」。她只好一個人裡外全包。

她患有慢性病「狼瘡」，需要睡很多覺，而且睡覺時呼吸困難，所以戴著氧氣罩。「看起來像 Darth Vader（電影《星際大戰》裡的黑武士），」她扮了個鬼臉。身心如此沉重，仍然獨自來參加此趟探險，而且還能嘲笑自己，應該是勇敢又堅強的個性。

然而得知我以翻譯寫作為業，她黯淡下來，脫口說：「哦，那你知道的事情比我還多了。」

去南極，必須穿越全世界風浪最大的海域

若是從前，我可能會起反感：哼，白種人的優越感又來了，你知道的事情一定得比我多才行嗎？

現在，我眼前卻只見到一縷疲倦受苦的靈魂，還在給自己增添負擔。我連忙回答：「哪裡，只是我們知道的事情不一樣而已。」

這是事實。

她點點頭，從大箱裡翻出華麗的薄紗衣裙和金色鏤空高跟鞋換上。看我只帶那麼小一個箱子，直搖頭，以指正的語氣說，她從小受到英國母親的教導，赴宴至少要穿裙裝、高跟鞋。

可是探險隊發給的行前須知上，特別聲明不用帶正式服裝啊。但我沒辯解，只稱讚她打扮美麗，高跟鞋漂亮。她開始化妝。我看時間已經到了。赴宴遲到，有違我母親的教導。於是道聲失陪，依舊牛仔褲運動鞋，輕快下樓。

暈船藥，吃或不吃，是個問題

懂中醫的朋友說，我的平衡感很差，改善的方法是練習單腳站立。講穴道按摩的書上說，如果有暈車暈船的傾向，可以每天按摩哪幾個穴道，持續三周以後就不會暈了。我都照做。還練習了可以立即止吐的按摩點。

藥房賣暈車暈船藥，一種是白色小藥丸，一天服用一次；一種是白色小貼布，貼在耳後可管三天。另外也賣「自然療法」，如手腕穴道按摩帶、薑糖等。我是能不用藥就不想用的，問藥劑師，那自然療法管不管用。他猶豫了兩秒鐘，搖頭說不管用。

一瓶藥丸僅十二顆，一日兩次，一次兩顆，不是三天就沒有了嗎？我們出海三十三

「院士號」航行在憤怒之海上

天，那我要帶幾瓶才夠啊？我寫信問探險隊的麗安小姐。她回信說，其實不需要很多，大多數人只有開頭幾天暈船，過後就習慣了。

於是我帶了兩瓶藥丸、兩片貼布。藥劑師說，貼布效果比較強，貼了若還會暈，再服藥丸加強。我的想法剛好相反，打算儘量不用貼布，因為我粗心大意，洗頭洗臉很可能會把貼布抹掉，而說明書上講了，藥膏切忌碰觸眼口鼻，否則可能嚴重過敏。

有位朋友擁有遊艇，經常出海浪遊。她教我，防暈船最有效的是薑。買一大塊薑來，分切成若干小塊（不要洗，洗了會發霉），分別用錫箔紙緊密包好，可以保鮮一個多月。每當覺得不舒服的時候，取一塊出來，切一薄片含在口中，很快就會好。

另外還有撒隆巴斯剪一小片貼在肚臍眼，驅風油抹在上唇等秘方。船上不要看書；出去站在甲板上，眼望遠方；若不能出去，最好的姿勢是躺下，等等必備常識，我無有不知。更重要的是，心情要輕鬆，不要想著暈船這件事。

報到次日，下午要上船，上午則安排我們去當地博物館參觀。如果要吃藥，應該在中午開始吃，因為「預防勝於治療」。可是我想試試不吃。我平常很少暈車暈船，身心健康，這些日子來又做了這麼多準備，說不定不用吃？

博物館有點意思。逛來逛去，看見有一艘船。說明牌上寫：站到船上來，體驗一下在南洋航海的感覺。這好玩！我站上去，不到一分鐘，唉呀，頭暈！

我立馬吞下兩顆藥丸。

2・遺產探險隊

二〇一六年班

南極旅行回來才幾天，收到一封電子郵件邀請，參加一個秘密團體！

原來我們的南極隊友，倫敦來的劇場工作者東尼與海倫夫婦，歸來之後意猶未盡，成立了本隊的臉書專頁：二〇一六年二月羅斯、阿蒙森與史考特探險隊。

可見這趟旅行對每位隊員來說都是人生盛舉。連隊上工作人員都說，他們從未見過像我們這麼好的團體。

為甚麼「好」呢？隊員相處是很重要的因素。一個多月朝夕相處、患難與共，竟然培養出類似袍澤的情感。

設在紐西蘭基督城的遺產探險隊 Heritage Expeditions 公司，專長紐西蘭南方的南極海域旅行，每年出五個團，但只有二月初的這個探險隊，走得最遠，時間最久。換言之，一年只有這一個團，會橫越羅斯海，去到阿蒙森紮營的鯨魚灣。

所以如果用校友會來比喻的話，我們這一班是二〇一六年班。

本隊旅客共計四十八人，以澳洲人最多，其次是英國人、紐西蘭人和美國人。此外有一個瑞士人，加上一位福州來的朱先生，以及敝人我。

二月三日上午，大家把行李留在旅館大廳，海關到府服務，派人來檢查。通過之後，行李直接運上船，送進各人艙房。

下午三點，巴士載我們去到二十六公里外的南島最南端，布拉夫港。巴士上，昨天晚宴時沒見到的一位男士坐在我旁邊，自我介紹說名叫克萊夫，住在基督城。他報名時，本隊名額已滿，於是訂了明年的艙位。一周前卻接到電話，說有人臨時取消，問他願不願提早來。他立刻收拾安排，這天早上才飛車趕來。

為甚麼會想參加這趟旅行？他說他是讀《世界最險惡之旅》長大的，一直就想要去南極追尋史考特的足跡，可是太太兒女都沒興趣，只好獨來。

「所以，在阿蒙森和史考特兩人當中，你是投史考特一票的囉？」

「沒錯，我支持史考特。」

那，為何參加這個包含了阿蒙森史蹟的團呢？

「我想在羅斯海多待幾天，多看看羅斯冰棚。辛辛苦苦穿越咆哮的四十度、憤怒的五十度、尖叫的六十度，好不容易來到南極洲邊緣，只在羅斯島逛逛，兩三天就得打道回府？那我不是傻了嗎。」

其實我也是這麼想。

我發現我在這團體裡占了老大便宜。別的隊員都是《世界最險惡之旅》的忠實讀者，唯有我，跟這書好像扯得上一點關係。每當我告訴別人我是中文版譯者，他們立刻流露出驚訝、羨慕甚至敬佩的眼神，彷彿史考特的幽靈在為我撐腰。

中文讀者也許不了解，史考特的南極探險是西方世界的當代傳奇。英國人和海外英裔人百年來讀史考特的故事長大，受他的精神鼓舞，以他為大英帝國榮光的代表，一輩子想像著他的壯志與苦難，嚮往著南極大陸嚴酷而絕美的地貌。

隊友們詢問這書中譯本的銷路如何，我坦言大概不是很好。史考特與南極？遙遠有如外星吧。

搭俄國船，睡下等艙，去澳洲玩

布拉夫是漁村，蔚藍的大海與空氣中的魚腥味讓人想起澎湖群島，不同的是它乾淨整潔而少見人煙：牡蠣的整理包裝等都在工廠內進行。

小村本已是半島，碼頭區更是半島外的一個人工島，一座橋梁相連。巴士在橋上停住，司機下去，過一會兒另一個男人上車，穿著「第一保全」的制服，查驗乘客的護照證件。怎麼，紐西蘭外交部把海關業務外包給保全公司了？

保全員查驗護照，要看有沒有澳洲簽證。持澳洲和紐西蘭護照者免簽證，其他護照一律要有簽證。

先前填離境表格，有一項問題是：「離境期間，主要停留國家是？」

領隊洛德尼指示：「填澳洲。」

南極大陸不屬於任何國家，我們要去的羅斯海和羅斯島，根據南極公約，由紐西蘭負責管轄，但非任何國家領土。而途中預備登陸的亞南極各島中，奧克蘭群島和坎貝爾島都是紐西蘭領土。唯有麥奎里島 Macquarie Island 是澳洲在南太平洋上的屬地，雖然我們只登陸幾小時，是唯一的「外國」。

「填澳洲是對的，」怕我們懷疑他唬弄，洛德尼重申。

查完了，保全員道謝下車。司機上來，車開到碼頭邊上，我們的船在那裡等著。

這是一艘俄國海洋科學研究船，名字是「蕭卡斯基院士號」Akademik Shokalskiy，紀念叫蕭卡斯基的俄國國家科學院院士，海洋生物學家。一九八四年芬蘭打造，總共六艘，在全世界海域作研究。

蘇聯解體之後，俄羅斯聯邦沒有經費維持，把這些船出租，「遺產探險隊」公司便租下

遠望羅斯冰棚
彷彿白色寬腰帶橫立海上，
恐怖山自後方巍巍隆起

兩艘，整修改裝成為旅遊船。這是一九九二年的事。

該公司的老闆便是洛德尼，六十多歲年紀，髮鬚皆白，挺個大肚皮，身手卻十分矯健，上山下海一馬當先。

洛德尼向我們保證，這艘船決非間諜船，他已經徹底檢查過。我們聊天打電腦的圖書室兼酒吧間，原本是船上的實驗室。

雖說如此，這還是一艘徹底的俄國船，所有說明標示文字都是俄文。船上固定員工，從船長到水手，從女侍到清潔工，無一不是俄國人。負責管理他們的「經理」朱麗亞，是洛德尼的事業夥伴，也是俄國人。

金髮貌美的她，在俄國遠東的堪察加半島出生長大，英語相當好，每天三餐及演講、影片放映的時間等，均由她以廣播方式宣布，可是大家聽了後常互相詢問：「她說甚麼？」

艙房分為五等，從三樓到五樓，愈高層的甲板愈貴。我報名太晚，訂到的是最便宜的五等艙，在三樓甲板，房內兩張單人床，一張書桌，一條長椅，一座盥洗台，此外有衣櫃、置物架、抽屜等。無自用衛浴，須與二十幾個人共用三間浴室、四間廁所，窗戶也只是一個圓洞。

那三樓下面還有更便宜的嗎？沒有。二樓是水手艙與講堂，一樓是機房和儲藏室。但船長住在五樓最前面的黃金地段，大副、二副、三副更高級了，住在六樓，船橋的後面。

他們是長期居民，我們是短暫過客。

3．船搖晃得像地震

陷阱群島風雨如晦

三日傍晚離開布拉夫港口時，豔陽高照。洛德尼宣稱，他相信晚間九點左右會看到絢麗的晚霞，四日清晨則會是適合搭橡皮艇繞行陷阱群島的好天氣。

陷阱群島 Snare Islands 是這次行程的第一站，叫這個名字，因為早年無雷達、無航海圖，很多船隻在此觸礁，有如海上陷阱。

而今我們來，是要觀賞數以百萬計的灰色水鳥「灰鸌」Sooty Shearwater。牠們破曉時出來覓食，把整個天空和海面鋪成黑色，國家地理頻道播出過這奇景的紀錄片。這群小嶼屬紐西蘭領土，劃定為自然保護區，不准登岸，只能駕橡皮小艇，繞行周遭之海。

豈料快九點時，雲層便在天邊堆積起來，晚霞泡在雲裡了。到了夜間，更颳風下雨，睡夢中船搖晃得像地震，所有沒固定好的物品都匡啷落地，連椅子都在地毯上滑過來滑過去。

我和茱蒂的兩張床都與船身成直角，船身左右搖動，我們的整個床褥連帶睡在上面的人，便隨著波浪，一會兒滑到床尾、一會兒頂到床頭。剛迷糊著要睡著，又驚醒。這樣鬧到清晨四點半，已經是我通常起床的時間，於是乾脆起來，摸索著穿衣梳洗。不敢開燈，怕擾了茱蒂清夢。記得洛德尼交代的，一定要一手抓住固定物體，一手做事。這有時候很困難。光上個廁所，開門關門間沒抓穩，身體不由自主在小空間裡衝撞，就在手肘上劃出一道口子，大腿撞出一大塊瘀青。

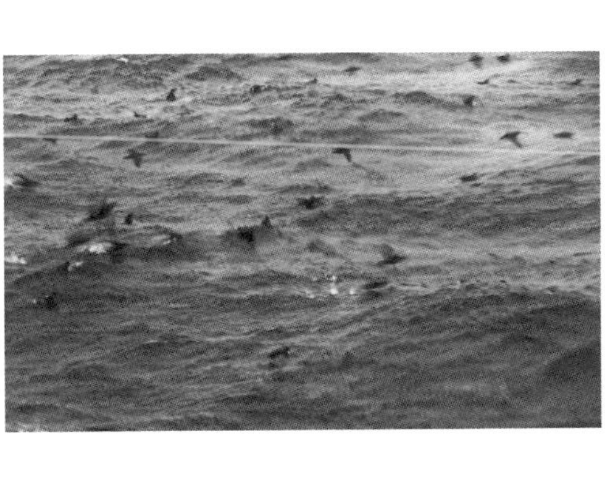

灰鸌鳥在迷霧中飛舞

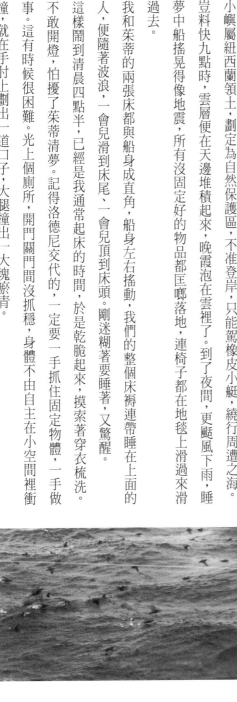

平日在家，我起床後，要做健身操、打坐、健走各一小時，現在這情況下，三者皆不可能。在廁所還乾嘔了兩下，趕緊回房追加兩顆暈船藥，並且取一塊生薑，像嚼食菸草那樣含在嘴裡輕嚼，肚臍眼也貼上一小片撒隆巴斯。

然後把照相機掛在脖子上，登六樓船橋去，看看外面到底是何光景。在過道、樓梯，隨時緊握扶手。當船被浪推起，感到舉步維艱，腿如鉛重。可是浪頭下去，船身下落時，就像是忽然有了輕功，跳躍上樓。

船橋上，幾位早起的隊友站在黑暗的觀景窗前，靜靜凝視外面。

天色微明。儘管風雨如晦，仍可看到，山形礁石矗立在兩百公尺外，暗色水鳥布滿船邊昏暗的天空和海面。奇觀也。

六點多，洛德尼在船橋出現，跟船長商量後，廣播說，天氣不好，橡皮筏之旅取消了。繼續航行，航向西南，目標奧克蘭群島，紐西蘭在南方海上的另一群屬島。

船橋上的人若有所失，但大部分隊友還在床上，更兼風雨，是寧可不去賞鳥的。

吃飯很緊張，睡覺不容易

早餐時，澳洲來的海倫說，她在搖晃中醒來，一睜眼，赫然發現艙房的窗戶整個淹沒在水裡，停留幾秒後升高，迅速離開水面，然後再下降。她擔心船要翻覆，想起領隊白天才講解過警報訊號，還拉警報演練了一遍。

三長聲是緊急事故，趕快去酒吧間集合，聽領隊說明發生了甚麼事；七短聲加一長聲，這警報除演習外從來沒有拉過，聽到的話糟糕了，是宣告「棄船」，每個人立刻取出艙房衣櫃上層的救生衣，穿上自己的防寒大衣，到五樓救生艇旁集合。哪些人去左舷、哪些人去右舷，都排好的。

一路上，好些次我們覺得船的傾斜度達到四十五度。後來證實了：根據船上儀器，去程最高傾斜度是四十八．二度。在史考特的年代，航行南方海洋，他們很憂慮船會翻覆。他們的木造船進了很多水，也很有沉沒的可能。

隊友向大副尼可萊請教的結果是，我們的船可以承受五十五度的傾斜，翻得回來，不用擔心。但艙房窗戶請不要打開。

有些人的床，方位與船搖動的方向成直角，床褥左右翻騰，床沿很淺，沒有護欄，就整晚一次又一次滾下床來。住在五樓的約瑟芬摔下床受了傷，以後三天都在房間休養，沒下樓來。

年輕女隊友史蒂芙也三天沒起床。她倒沒受傷，而是暈船，據說吃藥也沒用，吐了三天，才在餐廳出現。還有好幾位，頭三天我都不知道他們的存在。

餐廳在三樓，左右各一間，中間夾著廚房。大家隨便坐，沒有固定座位。

不對，「座位」剛好是「固定」的。長條桌，兩側六張或八張旋轉椅，全部釘死在地板上。浪大時，船左右搖擺，整個餐廳裡坐在椅子上的人一致跟著歪過上半身，幾秒鐘後回來，向另一面歪倒，好像跳團體舞。

景象現在想起來很好笑，但當時可是使盡全身力量，不要倒在旁人身上或跌落地面。這樣吃飯很緊張，是隨時備戰的感覺，胃抽緊了而不自知。

桌面上鋪著防滑桌布，但餐具掉落、飲料翻倒，是常有的事。早餐是自助式，冷的熱的一盤一盤，擺在靠牆的長桌上。裝好食物倒好飲料回座是一大考驗，因為必須一手抓住固定物。

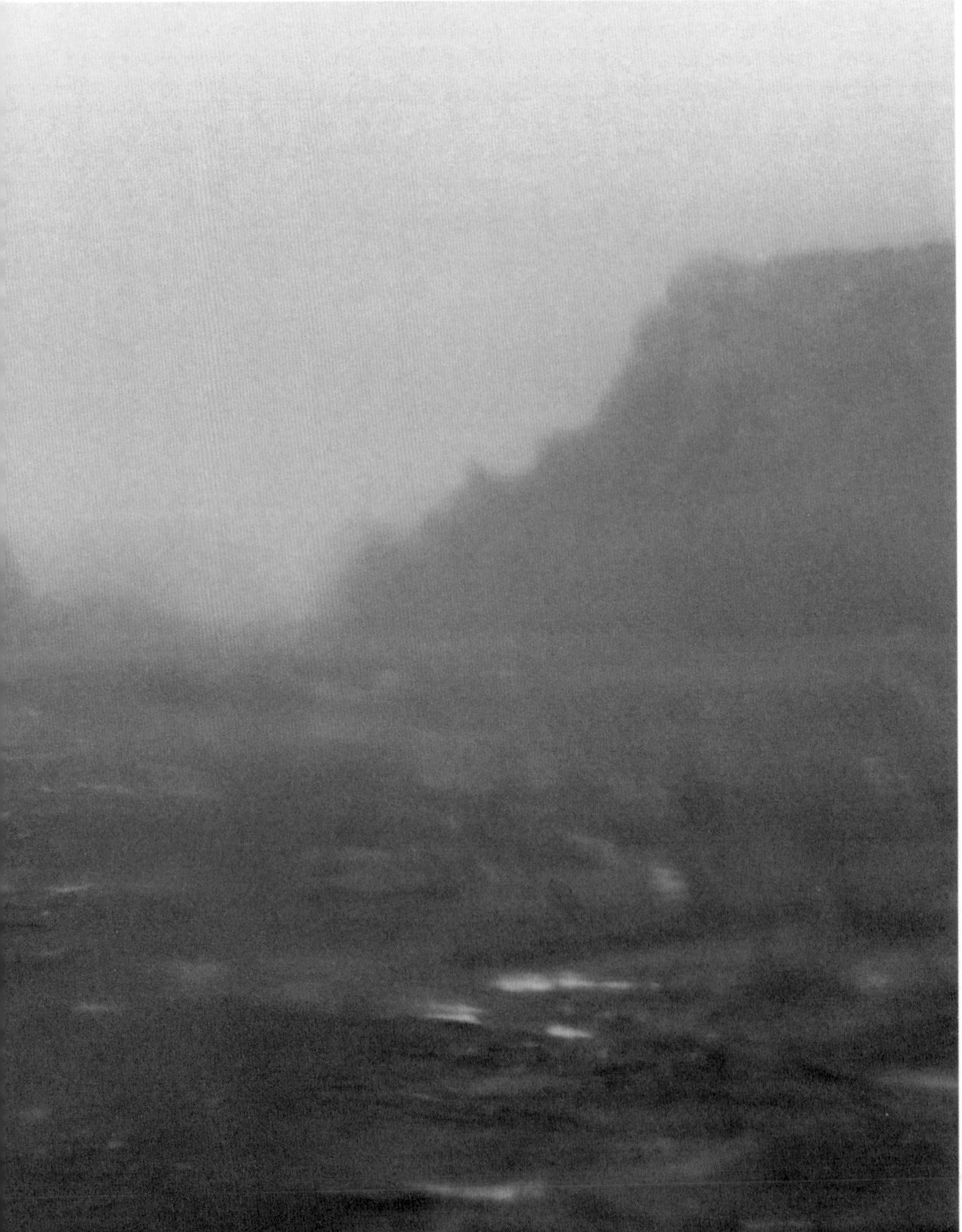

陷阱群島雨霧迷濛

女侍塔蒂安娜站在旁邊，隨時準備幫年紀大、行動不便的旅客端食物回桌。這位俄國女郎也是大美人，她神情輕鬆、舉止安詳，可以雙手拿大落碗盤而不摔跤，「秘訣是算準時機，在浪峰和谷底行動，」茱蒂觀察之後對我分析。

上帝的使者、水手的靈魂

這天傍晚，站在船橋大窗前，看波浪起伏，不時撲上窗玻璃，彷彿會撲得我們一身濕。

陷阱群島位於南緯四十八度。船行了一天，目前的緯度多少呢？船長桌上有海圖，電腦螢幕上有航行動線圖，右上角標明經緯度，剛好在南緯五十度線上。

我們脫離了咆哮之海，堂堂駛入憤怒之海。

龐大而優雅的信天翁不時在船邊輕巧滑翔。牠們長長的翅膀伸展成美麗的弧度，卻從不搧動，僅僅偏一偏雙翼的角度，頭和尾低一下或抬一下，便轉了彎，或升高、降低，所有的移動完全憑藉風力，彷彿心動意到，身便隨之。

船橋窗前擺了一本鳥類辨識圖冊，每當看到鳥，大家就比對圖冊，判斷是何種鳥。

在這一帶海面，常見信天翁。牠是體型最大的海鳥，一生都在海上度過，南來北往，終年奔波，唯有孵育時到陸地定居。其中至少六種，只在紐西蘭所屬亞南極島嶼孵育。亞南極，就是還沒到南極之前的南緯五十、六十度海域。

繞船而飛的信天翁有好些種，有的體型比較小，背上顏色灰黑；有的眼睛像畫了黑眼線，牠們的羽色和姿態不同，都吸引我的目光追隨。

傳說中，牠們是上帝的使者、水手的靈魂。

信天翁以翅尖劃過水面

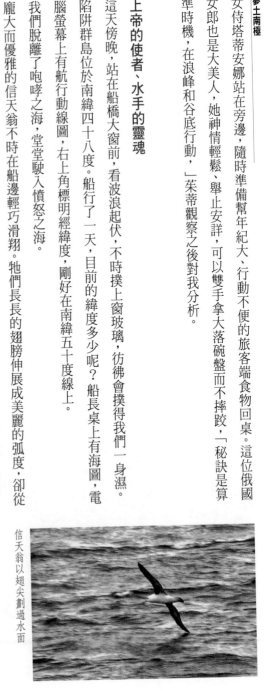

4．在無人的荒島，健行

特派觀察員

二月四日晚上八點，駛入奧克蘭群島的羅斯港靜水區下錨，不搖晃了。晚餐也為此延後到八點開飯，讓我們平平穩穩吃一頓飯，安安靜靜睡個好覺，因為，第二天我們要上岸活動，需要體力。

這天下午，我們已經進行了一場很奇特的活動。每個人把上岸要穿的雨靴、登山靴、雨衣、背包、手套等都拿到酒吧間去，幾位職員拿著強力吸塵器，一件一件、裡裡外外仔細吸。

口袋翻出來，褲腳摺縫展開，背包和雨衣常用的魔鬼氈拉開來吸。「魔鬼氈最容易粘帶植物種子，」洛德尼說。

沒錯，就怕我們攜帶了植物種子，遺落在無人荒島上，破壞了生態。

所有衣物都吸乾淨以後，拿到另一張桌子上，紐西蘭政府官員凱夏．裴洛小姐看過了，在一張清單上一項一項簽名，然後把單子交還每個人自行保管。這就是我們的登岸許可證。

甚麼，紐西蘭政府手臂伸這麼長，派人跟著我們來啦。

上船第一天，領隊介紹各職員給大家，裴洛小姐赫然在列，我就挺奇怪。政府特派觀察員隨船同行，是要怎樣？

我們沿途經過、計畫登陸的南洋諸島，除麥奎里島屬於澳洲外，其餘都歸紐國所有。

搭橡皮艇登陸恩得比島

而南極大陸上，我們要去的羅斯海域，成扇形一直延伸到南極點，稱為「羅斯保護區」Ross Dependency，也由紐西蘭管轄。

裴洛小姐的官銜很氣派：「紐西蘭南極洲環境經理」，人卻只三十多歲，高大健壯。一開口，怎麼是美國口音？後來在島上跟她聊天，方知是加拿大人，十年前才來紐西蘭，在坎特伯理大學取得生態學碩士，專攻南極研究，隨即入保育部擔任現職。

她監督我們可不馬虎，會站在角落看每個人登艇前是否衣服、鞋子都刷洗乾淨，沒有攜帶水果、肉類、麵包等食物上岸，也沒有在島上遺留糞便。

這艘船是從澳洲南邊島嶼塔斯曼尼亞開來，所有食物都在那邊採購裝上船。現在我們要在紐西蘭的屬島登陸，紐西蘭就說，船上食物沒經過紐國海關檢查，不准帶上岸。洛德尼只好在出港前，在因沃卡格爾緊急採購了一批紐西蘭零食，給我們帶上岸當午餐。無非是洋芋片、巧克力、蜜餞之類，甜的太甜、鹹的太鹹。唉，本來我們可以吃大廚康諾做的三明治的。

後來返航途中要登陸坎貝爾島時，我糊塗了，臨上艇，看到餐廳水果盤，順手拿了兩個梨打算帶著，比吃那些甜的鹹的好多了。突然聽見有人坐在樓梯上喊我：「Jo! Jo! 你帶了水果嗎？」我理直氣壯地回答：「是啊，我拿了兩個梨。」還差點沒說：「要不要分你一個。」

「不可以的，萬一種子落在島上……」

我這才看清楚是裴洛。唉，太丟人了。

不過也暗自慶幸有她提醒。我可不想當破壞生態的罪人。

恩得比島沙地灣，矗立著避難所的指標

登陸恩得比

二月五日，早餐後集合簡報。小白板上畫了地圖，是我們要登陸的恩得比島 Enderby，奧克蘭群島最北邊的一個小島。

像作戰指揮簡報似的，洛德尼指著東岸中央說：「這是沙地灣 Sandy Bay，橡皮艇在這裡放下你們。濕登陸，下船時踩在水裡，腳會弄濕，所以要穿雨靴，有登山靴的人帶著，上岸後換上。襪子多帶一雙。」

另一面白板上畫了離船登艇動線圖。請從四樓左舷門出去，繞到後甲板，那裡有各種刷子和消毒藥水，雨靴、登山靴都要洗刷、藥水浸泡鞋底，確保沒有沾帶泥土草種等雜物。

顯然昨天的吸塵還不夠乾淨。

此後我們每次離船、回船，都要重複這道程序。

從後甲板，轉到右舷前方排隊，一道鐵柵門向外打開，有鐵梯放下，橡皮艇駛過來，一個一個接上小艇。每艘艇頂多載八人。

我這艘，駕駛是法國人山姆，生物學家，專研南極動物，曾經在法國的南極科學站做過十五個月的研究。他的女友阿妮雅有環境法和管理雙學位，也在船上工作，三十多歲，很漂亮的一對。山姆還負責晚餐前幫乘客點酒。我現在知道為甚麼旅費這麼貴了。

艇子駛到沙灘，老遠就看見四個人站在及腰的海水中，向我們緩緩走來。仔細一看，他們都穿著及胸的防水衣，包括領隊生物學家洛德尼本人、法國來的環境法專家阿妮雅、加拿大來的紐西蘭南極洲環境經理裴洛，還有一位是莫斯科來的俄國海洋生物學與生態學雙碩士葛瑞夏。

四人把艇子往岸上拉，攙扶我們一一踩進淺水中。

啊呀，高級服務，不敢當得很！

歷史的見證

十幾隻海獅躺在沙灘上。最胖大的一隻顏色深黑，臥在高處，是本灘之主，俯視著躺在沙灘上曬太陽的乳白色成群妻妾。還有一些青少年公獅在那裡打打鬧鬧，洛德尼形容牠們是「想要竄升家長的小伙子」。這些是紐西蘭特有種，全世界最稀有的海獅。狀似幸福美滿，其實面臨滅種危機。十五年來幼獅出生率減少一半。原因很多，細菌造成的傳染病是其中之一。所以我們必須把衣物洗刷乾淨、藥水消毒之後才可上岸。

我們登陸時，就剛好有四個人，像電影電視裡看到的CSI刑案現場調查人員，穿著白色消毒衣物，戴著手套和臉罩，在沙灘上解剖一隻剛死的海獅，採集樣本。專吃死屍的賊鷗環伺在旁，畫面十分血腥。

紐西蘭保育部從一九八〇年代起在恩得比島上進行「復原計畫」，把十九、二十世紀白人和土著毛利人帶進來的豬、牛、羊、貓、鼠、兔等趕盡殺絕，野生動物和原生植物才逐漸復育。

沒有現代導航設備的時代，亞南極群島經常有船隻觸礁。當時沒有保育觀念，紐西蘭政府特意放了一些豬、牛、羊等牲畜在島上，自行繁殖，讓漂流上岸的人可以打來當食物。

政府也設置了一些小屋，貯存乾糧，還在島上醒目處豎立木板指標，海難倖存者看到手指方向，便知往哪裡去找有吃有住的避難所。

這種大草本植物
花頭可大如沙發椅
花莖可高如青少年

公海獅的眾妻妾

紐西蘭毛皮海豹

黃眼企鵝

未成年黃眼企鵝

此處岬角曾經海難頻生

時移勢往，不再有海難，這些都不需要了。可是對原生動植物的衝擊已經造成。豬掀翻了信天翁的巢，吞了蛋和雛鳥。兔子在沙灘上打洞，海獅幼子跌死了。貓和鼠偷吃所有鳥的蛋，牛和羊吃光了原生大草本植物。

更嚴重的當然是人類帶來的災害。發生海難的都是捕鯨、捕海獅海豹的船。恩得比島這名字取自倫敦的恩得比兄弟公司，它是捕鯨公司，也是提煉海豹油、企鵝油公司，也是船舶修理公司。紐西蘭特有毛皮海豹的毛皮在國際市場上可以賣很高的價錢。海裡的鯨魚捕光了，海獅海豹剩下沒幾隻，漁船不來了，修船公司沒生意了。紐西蘭最後一次開放獵捕毛皮海豹，是一九四六年。到現在，在牠們的故鄉奧克蘭群島，毛皮海豹還是非常少見。

避難指標矗立山坡上，像是歷史的見證。

黃眼企鵝與牛海帶

我們走在木板鋪成的步道上。風勢強勁得讓人站不住腳，兩度把我吹下狹窄的步道，好在下面也不過就是大葉草本植物漫生的原野。粗莖從肥大的葉間高高立起，捧出超大青花菜似的紫色花頭。

兩隻黃眼企鵝像一對情侶，搖搖擺擺在步道上散步，忽然發現大隊人馬從後方追來，加緊腳步往前奔。人卻走得比牠們快，眼看要追趕上了，卻又都停住，摸摸索索取出相機對準牠們。牠們終於想清楚，跳下步道，躲進草叢去了。

木板步道橫貫恩得比島東西，紐西蘭保育部所建。這個國家連在天涯海角的無人荒島上，也修建起典型的紐西蘭國家公園步道，以免遊客留下太多足跡。

單程三公里半，好像很快就走完了。盡頭是懸崖峭壁，白浪滔滔擊打岩石，在灘頭留下成堆成捲肥大無比的海帶，有我的身體寬、我的幾倍長、比我的手掌還厚。這樣的海帶，您說牛不牛？它就叫作「牛海帶」Bull Kelp，環繞了整個島，以及亞南極其他各島。

澳洲來的海倫說，這海帶活像無數條大鰻魚捲曲在一起，她看了噁心。我不敢告訴她，華人看了覺得是一大鍋海帶湯，可惜沒人喝。當然，如果是大鰻魚的話，更要考慮應如何料理了。

體力比較差的半數隊友在此回頭，到沙地灣，搭小艇返船。

其餘半數繼續沿著海岸爬坡，要環半個島。洛德尼親自帶隊，事先警告了：全程十二公里，沒有路，要在長草與高叢間摸索前進，風大難走，沒有捷徑，不能回頭，請量力而行。沒被嚇倒的隊友共二十四人，裴洛居中，葛瑞夏押後。

走在懸崖之巔，風更大。懸崖上有一群黃眼企鵝。有三隻正列隊行過，看到我，齊齊轉頭凝視。哈哈！牠們沒被我嚇倒，我倒被牠們迷倒了。

又有兩隻，像是一對兒，一隻站在溝澗裡，另一隻在山坡上，急著來會合，卻看到我，不知該怎麼辦。猶豫幾秒之後，牠開始立定跳遠，左一跳、右一跳，跳到溝澗旁，牛郎織女會了。

我忙著捕捉牠們的影像，卻聽到男低音在身後響起：「女士，請不要落後。這企鵝我們還會看到的。」我回頭一看，是負責斷後的海洋生物學家葛瑞夏，趕緊站起來跟上。

傘花鐵心木林

北方巨海燕成鳥與幼鳥

紐西蘭海獅

一對海獅在樹林裡幽會

山姆駕著橡皮艇來接我們，牛海帶包圍了他

我到樹林子裡去一下

在無路無徑處，我們跟隨前人的腳步，穿針引線似的摩摩擦擦前進。有些地方看似草地，一踩下去，喔喔喔，不著力，要下沉！我馬上想起武俠小說裡形容的，踏水而行，腳步要輕要快，身體的重量還沒落實，已經移到下一落足點。學著做，果然有效，安然度過一潭又一潭沼澤。過溝澗，選擇哪塊石頭踩踏，也全憑剎那間的直覺判斷。崖頂風大，腳下又常常看不見地，不知深淺高低，大部分隊友都至少摔倒一次。隊伍拉長了，洛德尼就停下來等，全員到齊了才繼續走。到中午時，我們左等右等，後面的總沒出現。終於等到時，老遠就看出，潘蜜拉猶猶豫豫，每一步都要花好幾秒才能決定何處落腳。她丈夫比爾、幾位隊友、葛瑞夏和裴洛陪著她。

起初我的直覺反應是：哪有這麼囉嗦的？讓大家等！轉念一想，每個人情況不同，別評斷人家。不如，接下來的一段路，我也陪她走吧。

於是看到，陪她的人都極有耐心，鼓勵而不催促，等待而不攙扶，完全的尊重。她的表現其實是正常的。一個接近七十歲、不常運動的女士，又在海上顛簸了兩整天，能走多快？反而是那些在前面急行軍似的長者們（他們多半都比我年長），恐怕太逞強了。

因為陪她，抵達午餐地點時，大部分人已經吃過了。

午餐地點，是洛德尼根據經驗選定的背風處。遍地是叫作 Tussock 的高草，坐下去像舒服的軟凳。

到這時，很多人需要上廁所。當然沒有廁所，出發前發放「便袋」，雙層密封，內有普通透明塑膠袋和衛生紙。

洛德尼教我們，小號可以找隱密處就地解決，大號必須裝袋攜回船上丟棄，「像撿拾狗大便那樣」，用透明塑膠袋撿起來，裝進密封袋內，用過的衛生紙也放進去。「自己帶回去處理喔，千萬別交給朱麗亞（經理）。」洛德尼愛說笑，不過我猜他這話有那麼一丁點兒認真。

同行的男隊友作紳士狀，一欠身說道：「我到樹林子裡去一下。」我也就擺出淑女姿態，莊重回答：「您只管去。」

樹林子在後面，我們休息後也從另一邊穿越過去。林子頂上開著豔紅的花、結著紫紅的漿果，大葉草本植物卻鋪滿林下地面，葉子上承接了飄落的點點花紅。樹枝樹幹彎彎曲曲，氣氛神秘，很像是樹妖會出沒的地方。洛德尼說：「別告訴彼得傑克森，免得他帶了大批人來這裡拍片。」

幽密處，赫然坐著海獅，公的母的都有，活像是在幽會。海獅與海豹不同點之一是：海獅的鰭狀肢很大，而且後鰭可以彎曲向前，變成能在岸上行走的腳，所以會在樹林裡出現。

我明白了。人類如果留下糞便，可能被島上動物吃下，所含細菌牠們沒有抵抗力，等於劇毒。

那麼，大便袋攜回船上要如何處理？船上廁所不同一般。為了省水，也為了避免汙染，馬桶跟飛機上用的一樣，是真空吸取式。上完廁所要記得蓋上蓋子，才按下按鈕。吸取後經過處理，排入大海。因此用過的衛生紙不可投入馬桶，而要丟入垃圾桶，拿去焚化。此一規定必須嚴格遵守，否則吸管堵塞，全船馬桶都不通。猜想，大部分人是整袋直接丟進垃圾桶了吧。那焚化，能化為灰燼？呃，不去想比較好。

5・一艘船上，遇見全世界

在高雄上岸的美國人

健行歸來，船即駛離恩得比島，南下三十海浬，進入群島南端的卡恩利港，下錨過夜。因為我們辛苦了，讓我們在港灣裡再睡一個安穩好覺。

美國人鮑伯沒有上岸。他在簡報會上就舉手說不去：決定留守船上，以免我們健行歸來，發現船已開走。

鮑伯為大家犧牲了自己。

上船以前，在旅館就跟鮑伯交談過，知道他愛逗樂。上船第二天，我到書吧寫信，鮑伯在我對面坐下，眼鏡一會兒戴上一會兒取下，急著要跟我說話，我於是停下來看他。他說，一九六九年，他將滿二十一歲徵召年齡，美國正在打越戰。他不想接到徵兵令，於是申請入大學。可是申請到的大學說，目前沒有可以給他念的課程，要他先去某公司見習三個月，以後可以算學分。他去報到，公司派他到一艘商船上工作。船啟航了，航往何處呢？越南。

命中注定，逃也逃不掉。沒辦法，去吧。可是還沒到，船上聽到廣播說，尼克森總統發表電視談話，美軍開始撤出越南。他那艘船原本是給美軍運補，就改成協助美軍撤退。他跟越戰擦身而過，反而因為運送美軍度假，去了香港、日本和台灣。

對，去台灣休假，在高雄上岸。雖然只待了兩天，但在接風宴上一聽我說起來自台灣，那塵封的記憶忽然浮出，因此一定要告訴我。

麥奎里島靜謐之時

信天翁優雅之中帶著滄桑

我開玩笑說，是喔，在高雄港口附近酒吧間廝混了兩天吧。他沒否認，嘿嘿地笑。我說，那時候我正在高雄念高中，學校離風化區不遠，搞不好他當年讓三輪車夫拉著在五福四路招搖過市，還被我看到呢。

真的，誰知道呢。我告訴他，我先生當年服兵役，行軍經過我居住的小鎮，忽然有預感：「我未來的妻，就住在這裡。」鮑伯聽了兩眼發亮，開始編故事，跟別的隊友說，一九六九年他到高雄，巧遇 Joanne 後來的丈夫。哈哈！我拍著他的肩膀說，他的牛皮吹破了，跟我可沒關係。

他回美國之後發憤念書。後來專門幫電器公司寫技術手冊，寫 Youtube 上教人怎麼操作各種產品的示範旁白。他朝我擠擠眼睛說：「我也是作家。」

他當然是。我相信他寫的教學旁白一定很風趣。

漂泊老翁

二月六日清晨七點，我在船橋上看著起錨。出卡恩利港，航向南南西，我們將航行三十八小時，目標澳洲領土麥奎里島。

船頭一伸出岬角，風浪立刻撲面而來。有人問領隊，今天的風浪算很大的吧？洛德尼嗤之以鼻：「這哪算大？」

漂泊信天翁 Wandering Albatross 出現了。漂泊老翁是這種終年遷徙的大鳥中，翼展最長、飛行里程也最長的。像武功高強的大俠，在江湖上任意而行。

英文裡用「信天翁」來比喻心理上的沉重負擔。著名的英詩《古舟子詠》中描述，水手不經意打死了信天翁，得到的懲罰是：牠永遠像無形的枷鎖，壓在水手的肩膀上。卸

黑眉信天翁翱翔海上

不下、丟不開。

沒事的時候，室友茱蒂總是在睡覺。我怕吵到她，就在船上流浪。不是掛著相機上六樓船橋去看海，就是提著電腦上四樓書吧寫家信。

退休律師彼得帶了一本厚重的書進來。我伸頭去看是甚麼書。《戰爭與和平》。

「這輩子從來沒機會把這本書看完，」他笑道：「這回一定要從頭到尾看一遍。」

這位紳士一頭白髮，高瘦帥氣，像是葛雷哥萊畢克老去了的光景。早餐時他坐在我旁邊，問了我許多問題。原來他因為業務關係，常與中國往來，對海峽兩岸的情勢了解不少。

問他居住何處，答曰「無家」。

倫敦人氏，四十歲起移居雪梨，妻子前幾年過世。他退休後到處旅行，很少用到在雪梨的公寓，於是出租，故已「無家可歸」。

不重要的東西都清理掉，僅餘少量文件物品儲存在雪梨公寓的儲藏室。除此之外，香港和紐約各有一家相熟的旅館，願意讓他存放一些私人用品，方便他輕便旅行。

他每年作一次較長的探險之旅，像這次；其他是小旅。通常在旅館或火車上過夜，一只行李箱走遍天下。

「搭船旅行很不一樣，」他沉思著說：「只有在船上，你會把行李箱裡的物品取出放置，也只有在船上，你每天見到相同的一群人。」

他是一隻信天翁，優雅輕鬆，閱盡世態，但眉宇間總帶著滄桑。他在人群裡尋找孤獨。

我回到我的電腦前。

狂風巨浪之上，巨海燕飛翔

年輕人與更年輕的人

「我本來有一雙貴婦手，」莎麗伸出雙手展示給大家看，十指纖纖，塗著美麗的深紅色蔻丹：「自從上了船，經常得緊抓住扶手欄杆移動，」她翻開手掌：「你看，都長繭了。」

來自澳洲的莎麗，確實有貴婦風範。頭髮和臉妝總是整整齊齊，見人就拿出手機，滑出孫兒女的照片，輕輕柔柔地說她多麼疼愛他們。兩年前喪偶，心情鬱悶，兒女建議她出來玩。她獨占了四樓一間雙人套房。

她告訴我，她也是作家，寫兒童故事書，自己畫插畫，給孫兒女看，也出版了兩本。這一路上，她已經在構想新的故事：一個澳洲男孩到南極探險的經歷。可惜我不太抓得住她的塔斯曼尼亞腔，聽不真確。

另一位澳洲人戴夫，有宏亮而帶金屬性質的聲音，隔兩張桌子我就聽得出是他，暗想這人適合當廣播員，可是他的墨爾本腔我有時也難以掌握。他說他入境美國，表格上問他是否講英語，他回答否，因為「我講的明明是澳洲話，不是英語，不是美語，」他向美國人鮑伯抬一抬下巴，鮑伯凝重地點點頭。

戴夫也對中國問題有些了解，因為他的第一任妻子是華人。目前進行到第三任，所以到底有多了解很難說。他體格健壯，看不出其實有糖尿病。我們健行途中休息時，我看到他從口袋裡掏出針筒，掀開上衣，在自己肚子上扎了一針。

早上起來，我在廁所被門打到，腳踝骨破了點皮。本來是沒要緊，可是在書吧聊天的時候，剛好看到隨船醫師侃姆進來倒咖啡。我想我閒著沒事，醫師也閒著沒事，就問他能不能給我看看傷，他立即放下咖啡，請我移步隔壁診所。

侃姆醫師高齡八十了，登山健行卻總跑在前面。他說我們隊上沒有誰老，只是有的人比別人更年輕。

打開門，診所分隔成一小間一大間，小間是他的臥房，大間僅一櫃兩桌，幾張椅子疊成一落，翻倒在大桌與壁櫃之間。醫師解釋說是怕它們亂滑亂動，故乾脆放倒。

在隨著船身前仰後合的空檔中，他艱難地抽出椅子，要我坐下，受傷的腿放在另一張椅子上。又從壁櫃抽屜取出一只紙盒，拿出一大瓶碘酒，接著找棉花要幫我消毒。船身一個傾斜，紙盒裡的東西都嘩啦落地。我這時後悔了：甚麼大不了的傷，還要來找醫師，給他添這麼多麻煩！

他不理會滿地亂東西，找到棉花，說雖然是小傷，也要好好處理。我怕碘酒會潑灑，幫他拿著瓶子，他才能安心塗抹傷口。塗了好幾遍，又把掉落在地的 OK 繃盒子撿起，抽出一片，動盪中終於撕開塑膠護片，貼上傷口。

我趕緊道謝離開，留他慢慢收拾滿地的用品和椅子。

小年夜的晚餐

我們船上的伙食很好。可能太好。

沒靠岸的時候，大家一天就等三頓飯吃。隊友摩娑著肚皮說：「這樣不成，我要發胖了。」可不是，我倦遊歸家一量，增重兩公斤！

船上兩位廚子都是基督城來的年輕人。康諾，俊秀瀟灑，頗像「蝙蝠俠」電影中演助手羅賓的克里斯歐唐諾，愛說愛笑愛玩愛唱歌，廚房裡經常傳出他的歌聲。跟他在過道上狹路相逢時，他總是貼牆立正站好，像個水兵，對我行舉手禮。他常常幫我們駕駛小艇，我認為完全出於自願。

麥特，從來不吭一聲，氣質像跟他同名的好萊塢明星麥特戴蒙，不過是個眉毛濃黑許多、不說也不笑的麥特戴蒙。直到有一天，朱麗亞嗓子壞了，由麥特代替廣播，說晚飯齊備了，請大家來用餐。

那是極好的演員聲音！低沉渾厚，吐字清晰，不疾不徐，抑揚頓挫。比起來，麥特戴蒙的聲音嫌高亢了些。隊友們都抬起頭來傾聽，有人喊道：「是麥特！麥特在說話！」

如果聲音可以讓人驚豔的話，這就是。

二月六日是小年夜。不知是否巧合，晚餐的菜色頗有中國風味：前菜是北京烤鴨小籠包，主菜兩個選項之一是五香烤豬排。我看菜單時感到驚訝，不僅因為白人少年會端出中式菜，更因為，北京烤鴨做成小籠包，我還沒聽過；而豬排如果是五香的，通常不會去烤。除非是中秋烤肉？

午餐吃得簡單，沒有選擇，但兩位廚子每天都能變出不同的花樣。室友茱蒂在睡飽覺以後非常活躍，滿船走動，跟每個人聊，是我在船上的密探。她告訴我，兩個年輕人聲言不論午餐或晚餐，沒有一天菜式會重複。這聽起來像是誇下海口：我們在船上要吃三十二頓午餐、三十三頓晚餐呢。

更何況，晚餐的主菜總是有兩樣選擇。每天午餐時，桌上都擺著菜單。朱麗亞一桌一桌問每個人要點哪樣主菜。又有一些人吃素，一些人不能吃麩質，從前菜到甜點，他們都需要特別料理。

小籠包上來，隊友紛紛拿起刀叉切割包子，我想了想，舉起包子對大家說：「這東西用手拿著吃就可以了。」坐對面的紐西蘭人貝蒂也就改用手，但她先生不理會，繼續用刀叉奮鬥。

麥奎里島上簡土企鵝正在換羽

有人問我覺得包子做得怎樣，我說做得不錯，只是碟子上淋了醬油膏，就鹹了點。我猜想包子是帶上船的現成品，否則光是擀麵、包包子，就要花多少功夫！更不要說烤鴨子了。

那五香烤豬排呢？我沒吃，但吃過的隊友都說讚。

晚間八點二十二分，同桌吃晚餐的隊友忽然注意到，船不搖晃了。再過幾分鐘，聽到下錨的聲音。我們抵達了此行要去的外國——澳洲。

6．麥奎里島的美麗與哀愁

國王企鵝的澡堂

麥奎里島由北往南一長條，像拇指的形狀。我們的船停泊在北端的東岸。

早晨起來，往海面上張望，便見到浮著一個一個小黑點。水雷呀？

到船舷上去看，船邊也有黑點，鑽出來、沉下去，鑽出來、沉下去。再仔細看，是企鵝在游泳！一個一個小頭，黑色和橘黃色的美麗組合。灰黑的身體浮在水面，鰭和蹼輕鬆踢踏，好優哉游哉也。

九點簡報，作戰總指揮洛德尼又在白板上畫好登陸圖，拿光筆指點地形與路線。不同的是，這回我們有敵後情報員四人到場說明。

他們列隊進場，兩男兩女，帶頭大哥穿著制服，畢挺的白襯衫、卡其短褲，風度翩翩，名喚保羅，頭銜是本島的保育組長。手下兩位年輕女將安娜與羅莎，一看就是潑辣角色：龐克扮相，短髮挑染，耳朵、眉毛穿孔吊珠。

這三人構成保育組的全體員工，另一位留著大鬍子的年輕男士名叫丹尼，是借調支援的氣象學家。洛德尼說，今天如果天氣不好，都是丹尼的責任。

同樣搭橡皮艇，在也叫沙地灣的沙灘登陸。但這回不用換穿登山靴，因為活動範圍不大，雨靴穿到底。

沒靠岸，便見企鵝成群，在四周海裡游泳。我們上岸以後，救生衣還沒來得及脫掉，牠們已列隊前來歡迎。保育員安娜與羅莎站在沙灘上，告訴我們，這種企鵝最好奇，人若靜止不動，牠們會慢慢靠近來調查真相，那時便可好好給牠們拍照。

這是國王企鵝。造型端莊大方，果然很有國王氣派。純黑的臉，後腦兩側，大逗點似的，貼了對稱的橘黃色鮮豔色塊。又尖又長的喙，也用長條黃色鑲成飛魚狀的邊。黑頭下面的胸羽也是橘黃色，漸漸淡下去，轉成純白，遮蓋挺出的大肚子，像穿著上好光亮綢料的連身長內衣。灰黑色挺帥大氅從脖子上勒住，直向下披到腳跟和尾巴，兩條手臂也穿在氅子裡面。雙腳大而純黑，則像穿了高筒軍靴，還打了綁腿。走起路來左搖右擺，十分神氣。

牠是體型第二大的企鵝，僅次於皇帝企鵝。成鳥站起來有半個人高，體重十二公斤。企鵝全都是胖嘟嘟身材，因為跟海豹一樣，有很厚的皮下脂肪層。這件保命防寒貼身衣，使牠們成為繼海豹之後，人類滅種式屠殺的對象。

國王企鵝的孵育場在沙灘左後方，保育組在地上圍了一條粗麻繩表示界線，人類請勿逾越，鳥類自由往來。界線內擠滿聒噪的企鵝，並且臭氣薰天。據說在風不大的時候，幾公里外都聽得到、聞得到牠們。

夏天即將結束，幼雛已長成青少年，有的已脫去雛鳥毫無設計可言的深褐色絨毛，換上成鳥的超酷造型臉譜與帥氣大禮服，只有頭頸上的黃色裝飾，顏色較淺，顯示牠未成年。

有的幼鳥出生較晚，尚在換裝的過程中，褐色絨毛零零落落掛在大禮服上，看著就不大體面。穿這樣的衣服，牠們不能下海，只能仰賴親鳥哺餵。即使體型已如成鳥，牠們仍鍥而不捨地追著親鳥討食物，這景象我們在往後的路上一再看到。

許多成鳥在孵育場外的游泳池裡玩耍。當洛德尼在簡報時說起「游泳池」，我不明

「院士號」停泊在島外
一艘橡皮艇
正疾駛回船

母象鼻海豹一肚皮肥油，躺在砂石灘上

其意；現在親眼見了，覺得形容得甚妙，但是，後來在旅遊書上看到稱之為「公共澡堂」，此稱呼更合我意。

是海邊淺水帶，有大小岩石圍繞點綴，很有天然溫泉浴池風味，只是沒有溫泉。企鵝在池中像野鴨打鬧、像海豚浮沉、像天鵝搧翅高呼，但是更多時候牠們浸泡水中，只是頭伸出水面，便像泡湯的人群。

皇家企鵝換新裝

以前不知道，企鵝並不是統一造型。有幾種企鵝，長相很勁爆，頭上豎著金毛。不是全部金髮，而像耍酷小子，前額毛髮局部挑染，分左右披覆在其餘黑髮上。牠們屬於「冠羽企鵝」，後來我們在別的島上又看到兩種。

金髮怎麼染、染在何處、眼部化妝如何搭配，全憑美髮師創意而有分別，好像參加髮型比賽。咦，兩位保育員的髮型是跟牠們學的吧？

在麥奎里島上的這一種冠羽企鵝，叫作「皇家企鵝」Royal Penguin。牠們集結在沙灘另一邊，個子比較小，數目卻多很多。跟其他冠羽企鵝造型最大的不同是，牠們幾乎全是白臉，而別種全是黑臉。

沙灘上擠著的都是成鳥，其中有很多是上岸來餵養幼鳥的鳥媽媽，牠們沿著沙灘後方一條鳥徑，排著隊急急忙忙往上走，去尋找自己的寶寶。

也有很多成鳥是上岸來換羽。原來成鳥也需要換羽，脫去淩亂的舊羽，換一身新裝。這需要兩三個星期的時間，牠們焦躁無奈地留在島上，餓著肚子無聊等待。我們則目睹牠們換羽的不同階段：襤褸的舊衣片片剝落，露出愈來愈多的嶄新毛皮，乞丐蛻變成英俊王子了。

冠羽企鵝的傳宗接代法很獨特。每對夫妻每次產卵二枚，第一枚只有第二枚的一半大。夫妻倆輪流孵蛋，卻專心孵比較大的第二枚，把第一枚棄之不顧，當然就只得一個後代。

有科學家試著撿起第一枚，在實驗室裡孵育，出來的雛鳥只比大蛋雛鳥小百分之七，可以存活的。但在險惡的大自然裡，沒有餘裕照顧弱小，不如從頭就捨棄。那為甚麼要生兩個蛋呢？很多種類企鵝都只生一個。學者的猜測是，牠們正在演化過程中，努力朝向只生一個蛋發展。

皇家企鵝的孵育場在沙灘後面，背風的山窪窪裡。是不是要跟著鳥媽媽走鳥徑上去啊？不，保育員指點我，爬木造階梯上去，走一段山路，到底是一座瞭望台。

從瞭望台俯視下方：啊，泥濘的山坡地上萬頭攢動，有如巨星演唱會。年幼的企鵝腳踩泥地，仰頭向天，彷彿表示認命，承受天空飄落的雨滴。

天氣果然不好，大風颳起細砂，冷雨滴滴答答。這當然不是氣象學家的錯，麥奎里島難得出太陽，風雨僅有大小之別。丹尼告訴我們，近年來，這孤懸南海的島也如世界其他地方，雨量不變但降雨集中，他們還不知道這對島上動植物會造成怎樣影響。

目前對我們的影響是，拍照很困難。隊友們都把相機藏在胸前，取出拍照時，有的用塑膠袋罩住相機，有的用雨衣帽沿遮護。但鏡面還是沾上雨絲、飄上海水。空氣中含鹽的水氣更把鏡頭抹上一層霧。

但你看，這個勁酷小子換好裝了，多神氣呀。牠的同伴還在忍受換羽的過程，彷彿青澀少年，甘苦無人知。

右／「有客到！」
國王企鵝列隊迎接
上／國王企鵝在公共澡堂戲水
下／大氅、軍靴，
果然很有國王氣派

留在島上的理由

四位情報員應邀來船上與我們共進午餐，龐克女郎安娜剛好坐在我旁邊。她說很高興我們來訪，他們才能上船來吃一頓好飯。他們的補給船一年才來一次，新鮮蔬果不容易吃到。

紐西蘭的南洋諸島無人定居，麥奎里島卻一年四季住著工作人員，稱為「澳洲國家南極研究探險隊」，只不過現在沒有甚麼險好探，生活也很現代化，最大的挑戰反而是心靈的苦悶。觀光客來訪是個調劑。

島上夏天有四十人，冬天約十五人。跟我們在船上一樣，過得好不好，相當程度要看跟別人相處如何。會申請來此工作的，多半傾向於享受孤獨，島上幾個偏遠地點有工作小屋，很多人搶著要去小屋住上一兩天或更久。研究信天翁的鳥類學家當然機會最多，讓沒理由去的人羨慕。

三點半，天氣好轉，太陽露臉，洛德尼決定抓緊機會，四點鐘再出發，二度登陸麥奎里。這回登陸點是澳洲探險隊總部所在的巴扣灣 Buckle Bay。分成四小隊，氣象學家丹尼是我們小隊的解說員，領著我們進入「世界遺產——麥奎里島自然保護區」。

小徑兩旁濕地長草間，躺著一條一條顏色像泥巴、圓滾像長條油袋子的象鼻海豹。牠們都是母豹，在此島上孵育，現在幼豹已長成入海，母豹回海去填飽肚皮、存滿一肚子肥油之後，趁著夏季末尾，像皇家企鵝一樣，回到島上換裝。牠們在草叢間磨擦，舊皮一塊一塊擦掉，身軀上斑斑駁駁，很像人類曬傷後脫皮的景況。

象鼻海豹又稱海象，名字的由來是牠體型特大，鼻子也比較長。母豹生產前先在海裡大嚼幾個月，養得肥肥的，十月中，爬上海灘來生娃娃。一生下來就日夜不停餵小娃娃奶吃，乳汁的成分將近一半是脂肪。小娃一天可增重達九公斤，四周後斷奶，已經長成一百多公斤的大胖子。

為甚麼這麼急著養胖孩子？因為空氣和海水都很冷，沒有肥厚的皮下脂肪層，孩子活不下去。海洋生物學家葛瑞夏放了一張圖片給我們看：某科學家畫的一幅漫畫，海豹臃腫的身體裡，躲藏著一個嬰兒大小的、真正的牠。

這讓我想起在電影《ＭＩＢ星際戰警》裡，有一種外星人就是這樣，表面像一個普通人，其實本尊只在頭部窩藏。可能編劇靈感就來自牠？

話說回來，哺乳期間母豹不吃不喝，全神守護小豹，也瘦下一百多公斤。等到一斷奶，母豹就下海去補充營養，丟下小娃——不，大娃——在島上。大娃餓著肚子等媽媽回來，總也等不到。過上一個月，實在餓了，才鼓起勇氣自己下海去捕魚。這一去，就遨遊四海了。

象鼻海豹是當今世上最大的海豹，但是雌雄之間相差很大。母豹最多只長到八百公斤重，公豹，在牠八歲的盛年，體重可以達到四千公斤（四公噸），從牠身上剝下來的脂肪可達一千公斤。

所以牠成為十九世紀「海豹工業」者的頭號追逐目標。不過，麥奎里島上的製油業者是公豹、母豹、小豹一體通殺的，海豹殺光了就輪到企鵝。信天翁順便遭殃，因為工人以牠的肉和蛋為食。

直到保育的呼聲震動了國會。

丹尼帶我們走木板步道上山丘。丘頂是觀景台，東南、西北兩面觀海，我們的船停泊在東南海上，景緻美極。觀景台邊矗立著兩座鏽紅色大油槽似的圓筒，就是當年煉油

右／皇家企鵝幼兒園

上／各位，我換好羽了，帥吧？

下／氣象學家丹尼當嚮導

的蒸煮器。

而今，倖存的象鼻海豹重回島上養育下一代。所幸牠不知道歷史，不知道祖先遭遇過的事。牠們不畏人，躺在草地上、沙灘上抓癢曬太陽，鏽紅色的屎和尿流了一地。我們這些人類看了，並不嫌厭，反而為牠們堅強的生命力感激、感動。

牠們的存在是我們的救贖。丹尼說，他因此願意在島上年復一年待下去。

異教徒與異鄉人

在巴扣灣上岸時，卵石灘會滑。下艇那片刻緊張了一點，沒掐準時機，一腳踩下去，剛好一陣浪來，海水漫入雨靴中。走到岸上脫下靴襪，倒出兩靴子的海水。

這次因為是短程，大家都沒帶背包，我也就沒有替換的乾淨襪子。同艇登岸的一位高大男士把我的窘境看在眼裡，哈哈一笑，走過來，從口袋中掏出一雙乾淨厚襪給我，說：「很大，但是很乾。」

我毫不客氣，換上，踩進雖倒光水但仍然很濕的雨靴，跟著大家上路。

在總部附近，晃蕩著另一種企鵝：簡土企鵝 Gentoo Penguin。「簡土」這名字古怪得很，我查了，意思是「異教徒」，因為這種企鵝兩眼上方都有白色斑塊，有些甚至連接起來，變成頭頂上一圈白，好像戴了回教人的白色頭巾。

真會給人戴帽子，而且是摘不掉的帽子！

每隻的小頭巾不一樣，可以據此辨認誰是誰。喙和雙腳都是鮮豔的橘黃色，身體仍是黑背白腹，典型企鵝大禮服，頸下的黑白界線極為分明。牠們比較怕生，在草叢深處做窩，不會跑過來看來者何人。

簡土企鵝，意思是異教徒企鵝，兩眼上方的白羽，被認為像頭巾

簡士夫妻撿小石頭堆成圓圈做窩，在上面產下兩個蛋。兩個！牠們不大小眼，兩個都孵，夫妻倆輪流孵，所以總是一對雙胞胎兒女。不過，嬰兒夭折率很高。到底是「一個不嫌少」還是「兩個恰恰好」，麥奎里島上的三種企鵝很可以開會討論一下。

丹尼領我們至辦公區，進入他們的精神堡壘：廚房、餐廳兼咖啡室。現烤甜點和熱咖啡擺好了請我們吃喝，也有小賣店可以買些明信片等紀念品。這時我才有機會問了借我襪子的男士大名：馬且。好特別的名字！跟「簡士」一樣特別。這裡面一定有故事。

晚上我回到船上，把襪子洗淨，吹一夜暖氣，乾了，第二天拿塑膠袋裝起，交給他的室友，代為奉還。

他的故事，我後來得知，果然特別。雖非異教徒，確是異鄉人。

上／鏽紅圓筒以前用來熬煮海豹油
下／海豹躺在草叢間換皮
左／小象鼻海豹

7．匯流圈上

海浪滔滔我不怕

傍晚七點半，我們才搭橡皮艇返船。

康諾駕駛。他笑嘻嘻警告：起風了，浪很大，坐穩一點。果然，艇子一開動，海水如箭紛紛射來。女士們驚呼聲中，康諾大聲唱歌，似乎是講波濤洶湧的民歌。有人就請他換一首，他換了大概是比較吉利的歌，眾人隨著他合唱。

接近船時，他嚴肅起來。急流順著船邊竄，艇子被推擠開，靠不上邊。他駛開，繞一小圈再來，仍不成。船梯底守著俄國水手，拿著繩圈，準備艇子一靠近就丟上來。幾次不成，康諾把艇子駛到船另一側，這邊的船梯也放下來了，水手等著。他叫坐在左側的乘客緊靠他，右側的分散，這樣艇子的頭會向左偏。

還是不成，水手做手勢叫他回另一面。我們又掉頭，到剛才那面。這回要右側的乘客靠緊他，左側的分散。終於拉到繩索了，康諾和水手緊握梯口鐵柱，扶持乘客一一登船。有些人年紀大，有些女士體積大，加上受驚駭怕，手抖腳軟，跨不上艇子邊緣。康諾急了，要去推女士屁股，女士大驚，膝蓋跪著爬上去了。

我留在最後，雙手扣住兩人的手腕，水手叫我快，康諾叫我慢，我一個箭步上了梯底。

兩人還在爭論誰是誰非，但最後一艘艇子已經等在後面要登船，康諾駛開了。

茱蒂在最後一艘艇子上，洛德尼親自駕駛。茱蒂也是身體沉重、移動緩慢的人，她後來向我抱怨，她爬不上去，洛德尼竟對她吼叫！

進入匯流圈，風疾浪高

別怪他們吧，我說，他們真是有點著急。

晚餐後，洛德尼廣播說，他很慶幸，把兩天的行程集中在天氣較好的今天完成了。我們的船雖然停泊在港灣裡，傍晚起風後，最大陣風仍達八級。氣象局預測，明天不會更好，我們多留亦無益。因此他決定起錨出港，向南極大陸的阿戴爾角 Cape Adare 進發。

他又說，我們這麼一出港往南，很快就進入環南極大陸匯流圈，北方來的暖流與南方來的寒流在此交匯，湧浪會特別大，請固定好所有物品，行動小心。

匯流圈不是緯度，不是一條線，它漂移不定、寬度不定。只能憑測量海水溫度來判定是否在圈上，因為圈帶上的表層水溫比較低。

這一晚我難以入眠。雖然很累，但床褥遵循物理定律，不顧我的自由意志，整夜載著我溜滑梯。正著溜、倒著溜，不曾停歇。

甚麼叫「挪窩」？我的窩把我挪過來挪過去之謂也。

波蘭來的小男孩

馬且給我的印象是「溫和的巨人」，非常秀氣，非常斯文。事實上，他長得有幾分像基努李維，可惜疏於鍛鍊體格，肌肉不結實，沒辦法演出《駭客任務》那種電影。不過，他跟《駭客任務》的男主角安德森一樣，是個電腦天才。

在書吧，我抓住他，為借襪子的事鄭重道謝。他有點不好意思，轉移話題，講述他的身世。我絕對沒有訊問他的意思，但我可能是他在船上的第一個聽眾。

一九七五年，馬且在華沙出生。那時候，波蘭的經濟狀況很差。共黨政府嚴密控制下，

在世界邊緣，與天地對話

南緯六十三度，首見冰山

老百姓沒聽過「出國觀光」這詞兒。可是一九八一年，他的父親，一個政府工程師，卻因公務，到美國出差了半年之久。

父親返國之後，縷述上國風光，母親聽了認為不公平，說現在輪到她去美國遊歷了。這件事，雖然他當成笑話講，恐怕說明了他的家世不同一般，他的母親必是女中丈夫。政府不准夫妻倆一起出國，也不准攜帶兒女出國，但是馬且才六歲，算是幼兒，需要母親照顧，因此獲准，由母親帶著他去美國。

母子倆到了芝加哥的時候，在電視上轟然看到，波蘭第二大城格但斯克的「團結工聯」Solidarity，在華勒沙領導之下，舉行全國工會大串連。波蘭共黨政府為了鎮壓，宣布戒嚴。

說到這裡，他停了一下，看看我曉不曉得他在講甚麼。

我當然曉得。團結工聯，華勒沙，格但斯克，這些名詞我熟極了。一九八一年，我在報社當編譯，每天晚上，電傳機劈劈啪啪打出的新聞稿，有一半都跟這些名詞有關。波蘭共黨以及整個共產東歐，就此開始瓦解。華勒沙成為全世界的英雄，得了諾貝爾和平獎，後來當選為波蘭總統。

三十五年後，在開往南極的一艘慢船上，這些名詞像出土的古物，重新灌進我的耳朵。只是，對於吐出這些詞句的人，它們不是遠方的煙火，是改變了他人生的關鍵。

另一方面，後來公布的資料顯示，美國中央情報局當時高度涉入團結工聯運動，透過第三管道匯入大筆資金，特工也以各種方式滲入波蘭。

如果要拍電影或寫小說，我們可以推論，馬且的父親表面上因公赴美，實際上是代表工聯，與美國磋商如何合作。他母親不遲不早在那個節骨眼上帶著他走，可能事先得知要出大事。再說極權國家辦事緩慢，公家機關百般刁難，申請赴美旅遊那麼快就通過，沒有人幫忙是沒門兒的。

回頭來聽馬且。母子二人滯留美國，成為政治難民，拿到居留權。母親剛到時完全不懂英語，在芝加哥找到管家兼保母的工作，帶著孩子住進主人家。孩子去上學，很快學會英文，需要溝通時，就由這六歲的孩子出面作翻譯。「我是她的字典，」馬且說。

父親沒能出來，至今留在華沙。自高中時起，馬且經常回去探望。他說華沙很醜，但親戚都在那裡，大家對他很好，很親切。他能說流利的波蘭語和俄語，在船上，經常跟俄國員工用俄語交談。

母親每換工作，他們就搬一次家。後來遷移到新英格蘭，他在佛蒙特州念大學，主修藝術。「我的本業是畫家，」他說。可是大學畢業後他搬去西岸，幫一些大公司如Yahoo!、Twitter作電腦程式設計師、系統規劃師。

電腦，大約同俄語、波蘭語一樣，是跟他一起長大的。

母親很堅強，孩子離開了她就自己過活。退休了，在緬因州找到風景很美的房子買下，獨居在彼。馬且不贊成，說那裡太冷，居民又很閉塞，大部分連波士頓都沒去過，更沒見過外國人。

說這話的時候，他倔強的嘴角似乎牽出一個憂傷男孩的身影。

馬且後來離開大公司，出來創業，在家工作，憑自己寫的程式，經營一個網路服務公司。這次出遊，他說：「是我第一次超過一天沒上網。」

業務委託朋友代理，他跟朋友說：「別寫信，也別打電話給我。我在世界的盡頭，幫不上忙。」

你們使用甚麼語言？

二月九日下午，洛德尼宣布，我們已通過匯流圈，行船應比較平穩。先前海水溫度約攝氏二到三度，現在提升至四度，以此得知。

夜晚我照樣不能睡，有否通過匯流圈，床褥仍然滑來滑去。半夜裡我想到，何不睡到長椅上去？長椅在我的床腳邊，貼著向海的艙壁，與我的床成直角。寬度與我的身體差不多，但是椅墊不會移動，又有一部分緊靠著我的床腳板，我應該不會掉下去。

果然，睡了一個好覺。十日清早七點，我上船橋去，看電腦螢幕顯示所在地：南緯五十九度三十六分。憤怒的五十度海，再見了。尖叫的六十度海，你好！

可是我其實不覺得四十度與五十度有何分別，六十度我也不怕。我的身體已經適應，自從抵達麥奎里島之後沒有再服藥。

我想起，不過是兩年前，我剛開始在內觀中心學習靜坐，每天坐得腿酸腳麻，難以忍受。有一次參加一日禪修，指導老師是一位四十多歲的白人男士，盤膝高坐台上。我趨前跪坐，合掌請問：「疼痛如何處理？」他慈悲地看著我，輕柔吐出四字：「你就接受 You just accept it。」

這不是我想要的答案，但是多麼高妙的智慧呀。遇見困難挫折，沒有其他選擇，你就是平心靜氣地接受。而一旦接受，困難就沒有那麼困難，因為，大部分的困難是出自自心的想像。

瑞士人柯妮與我常在船橋上見面。她是退休的醫事技術員，德語裔，英語不大靈光，很少說話，卻喜歡跟我聊天，大概因為我倆都不是英語人，隨便講沒壓力。

她告訴我，六年前離了婚，心情煩亂，也曾去內觀中心瑞士伯恩分院學打坐。

冰山一出現，就接二連三

我很驚訝，問她覺得怎樣。她搖頭說，十天坐下來，好像沒甚麼改善，到現在六年了，仍然鬱悶得很。難怪她眉頭總是深皺。

內觀中心所教的佛法基本功，正是她所需要的「離苦得樂」法門。但是也許她不了解、不相應？我想了想，說，光打坐不行，或許她應該多學點佛理。

「到哪兒學？你是跟誰學？」她問。

呃，我家附近有老師講經，網路上也有大師傳法。

「你們使用甚麼語言？」

中文。

她不說話了。我一時也無言。不是每個人都有機會學佛。我具有語言的天然便利，從未想過這是優勢。

我勉強說：「網路上也有很多英文的資源吧。也有一些英文的書可以看。」

可是她說，看英文吃力。德文的？那我就不知道了。

澳洲工程師彼得在旁邊靜聽，這時說，我們講的，他不大懂，但是他回家會跟他老婆瑪莉轉述，「她會懂。」

我希望瑪莉可以用英文學道地的佛法，像指導我打坐的白人老師一樣。

朝陽照射在冰山上

冰山！

船上舉辦猜謎競賽。我們何時會看到第一座冰山？不是雷達看到，而是肉眼目睹的時間。定義：冰山的水上體積不得小於兩輛倫敦的雙層巴士相加。條件：船員與職員不得參加競賽。隊友不得賄賂船員套取資訊。方法：書吧櫃檯上有表格，各人填上姓名與預測冰山出現的明確時間，幾日幾點幾分，最接近者獲勝。截止時間：周三（十日）傍晚六點半。截止時間快到了，我才想起來，去書吧打聽這事。

墨爾本來的戴夫坐在門口那桌，他說：「我這人不做沒根據的判斷。我在船橋上研究了所有的儀器圖表，計算所有的因素：海流速度、風向、水溫、冰山體積等，得到的答案是，周五（十二日）晚間八點二十一分。我已經填上表格了。」

旁邊的女士聽了說：「那我寫周五晚間八點二十二分好了。」

戴夫說：「你們都跟我寫一樣的答案也沒關係。」

他講得正經八百，但我想沒人信他。我們又不是小學生寫作業，抄同一個人的答案。

我連獎品是啥都不知道。我在表格上隨便填了個時間。

次日（十一日）早晨七點一刻，上樓去船橋，樓梯上遇見馬且，滿頭亂髮，神情卻振奮。他說：「去看冰山嗎？一起去吧。」我想，沒錯，可以眺望一下有冰山的影子沒。

推門進去，右舷窗外赫然見冰山三座排成一列，朝陽照射下十分美麗。原來馬且的艙房在右舷，他醒來，往窗外一望，大叫道：「冰山！」不及梳洗就跑出來了。這是他的室友約翰午餐時講述的。

柯妮六點半起就在船橋上，沉默寡言的臉上帶著打心底冒出的歡喜，微笑說，她是船員之外最先看到的。可是誰贏了呢？奧克蘭來的艾立克出現在我身邊，帶著他招牌的靦腆笑容說，昨天（十日）他來船橋上問大副意見（他只是詢問，並沒有賄賂，所以沒違規），大副說大約是今晨八點半。他斟酌後，決定把時間提早一小時，填寫了：週四早晨七點半。他問，知道有誰比他更準確嗎？

我們的位置大約是南緯六十三度，西經一百五十九度。

8．探險史，誰有興趣？

最後之土

前文提到，一九七九年，英國《觀察家報》駐北歐記者杭特福寫了一本書，叫作《史考特與阿蒙森》。他比較分析這兩位探險家的南極競賽成敗因素，認為阿蒙森贏得不僥倖，完全是準備充分、領導成功的結果；而史考特因個性缺失與英國民族性，做了許多錯誤判斷，以致於不僅在競賽中落敗，五人小組也全部喪生於冰雪之中。

此書一出，英國為之嘩然。史考特是民族英雄，阿蒙森是欺世盜名之徒，這是世間公認的真理，豈容翻案？但是也有許多英國人暗暗點頭。

於是在一九八三年，自由派的英國獨立電視台開始把杭特福的書改編成劇情影集，命名《最後之土》*The Last Place on Earth*，分成七集。一九八五年播出後很轟動，杭特福的書從此改為與影集同名。書和影集相加，勾起了當代英國人對於南極探險史的極大興趣。

快要抵達南極大陸了，二月十日洛德尼開始給我們做思想準備。他親自講南極地區的大憲章——南極條約 Antarctica Treaty。

這條約，簡單的說，就是在此地區活躍的十二個國家，一九六一年簽署的一分協議，同意南緯六十度以南的陸地和冰棚僅作科學研究之用，禁止軍事設施，各國不提出領土要求，共同保護環境與生態等等。目前已有五十三國加入為條約國。

有人不知道我們是去南極看甚麼的嗎？除了企鵝和海豹以外？沒關係，洛德尼給我

史考特

Captain Robert Falcon Scott

英國海軍軍官

第一次南極探險：一九〇一～一九〇四年

率領：「發現號」探險隊

成就：抵達南緯八十二度，當時最南點。

第二次南極探險：一九一〇～一九一二年

率領：「新地號」探險隊

結果：一九一二年一月十七日率五人小組跋涉至南極點，卻發現挪威人阿蒙森的隊伍已經先來過。回程途中五人先後傷病凍餓，喪生於茫茫冰雪之中。推測五人當中，史考特本人最後身亡，死於一九一二年三月二十九日。

遺跡：羅斯島小屋岬的發現號木屋、羅斯島埃文斯角的新地號木屋。觀察山上的十字架是隊友為紀念他們五人而建立的。

們補歷史課，方法是：放映影集《最後之土》。

第一集長一個多小時，鋪陳出發前雙方的心態、歷史的背景，以及相關的其他人物。其中最突出的人物不是史考特也不是阿蒙森，而是史考特的對象，後來成為他妻子的凱絲琳。這女子野心大、個性強，積極主動，聲言若是男子，必定要自己去追求功名，但既然生為女身，只得選一個願意上進的夫婿，幫助他成就事業。她「誓教夫婿覓封侯」。

另一個關鍵人物是阿蒙森的探險導師，挪威探險先鋒南森 Fridtjof Nansen。他的北極探險過程寫成《極北》*Farthest North* 一書，英文版暢銷英美。他為北極探險特別設計打造出可以浮出在冰面的木造帆船，命名「前進號」Fram，是探險史上最著名的船，後來借給阿蒙森使用，是阿蒙森南極探險成功的重要因素之一。

南森自探險界退休後，成為挪威最重要的政治家兼外交家，鼓吹挪威脫離瑞典獨立。獨立後，一九〇六年，他奉派出任挪威首任駐英國大使，極力拉攏英國，作為挪威的國際奧援。他知道英國正舉國關注史考特的南極探險計畫，如果阿蒙森要用南森的船去南極，成為史考特的競爭對手，南森是絕對不容許的。

看完，茱蒂轉頭看著我說：「不知道該怎麼想。」她是傳統的紐西蘭人，仰望英國為祖國。從小到大，只聽說史考特如何偉大，從沒聽說過其他探險家的事蹟；而在史考特之後，全世界好像就只有紐西蘭探險家希拉里 Edmund Hilary 在一九五〇年代接續起南極的探險志業，中間完全空白。

人容易被自己的偏見蒙蔽，國家亦如是。所謂妄心是也。

一九一一年十二月
阿蒙森等一行抵達南極點

敬秉史考特上校

二月十一日，挪威人馬可士給我們講課，題目是：阿蒙森為何、如何「盜得」南極點。

馬可士約四十歲，高頭大馬，稀疏的金色長髮束在腦後，一副維京人模樣。他是探險史家，奧斯陸「前進號博物館」Fram Museum 的研究員。該館是以阿蒙森南極探險使用的帆船「前進號」改裝而成，專長就是南北極探險史。

他和同事剛剛把阿蒙森的日記整理出版了挪威文版，所以他的講述雖然很多與其他我看到的資料重疊，卻也有許多原始獨家史料，例如當時現場拍攝的無聲影片，以及眾多挪威隊員的日記。隊員們出發前都簽了約，承諾不發表任何與此行有關的紀錄或意見，但如今當然事過境遷了。

他的英語極好，雖然口才不突出，但他慢慢講，平實中肯，講堂的氣氛熱烈平和。我原本以為英裔隊友必定偏向史考特，豈料在場者都持客觀態度，律師彼得更提出許多問題請馬可士詳述。

聽完演講，接著看《最後之土》第二集，敘述雙方探險船分別出發。阿蒙森原定的目標是北極，但籌備期間得知，北極點已經有人去到了。他決定轉往南極，但知道南森反對，也怕其他金主受到壓力，不敢公開。

史考特認為兩隊同一時間一個探南、一個探北，不妨合作，分別紀錄磁性、水流、氣象等資料，互相比對。他打電話給阿蒙森，阿蒙森不敢接，謊稱不在家。

直到上路以後，在葡萄牙外海的馬德拉島 Madeira，已無人能把他追回，阿蒙森才向隊員宣布，「航向有一點點必要的修正」，轉向南極。若有隊員不願參與，可以立即領取工資，下船回家。

阿蒙森
Roald Amundsen
挪威南北極探險家
南極探險：一九一〇～一九一二年
船隻：「前進號」Fram
（英譯"Forward"）
探險總部：羅斯冰棚上，鯨魚灣旁
成就：一九一一年十二月十四日，一行五人與十六條雪橇狗，首先抵達南極點，比史考特的隊伍早到一個多月。全員於次年安返挪威，無傷無病。

沒有人要走，全員振奮歡欣，鼓帆南下。當史考特於一九一〇年十月率探險船「新地號」抵達澳洲墨爾本時，有一封簡短電報在港口等著他，是阿蒙森從馬德拉拍來的：

「敬秉史考特上校，我等已啟程馳赴南極洲。」

放映完，大家捨不得離去，仔細看片尾，注意哪個角色誰飾演，我驚訝看到，飾演英國隊最年輕隊員，《世界最險惡之旅》作者薛瑞葛拉德的，竟然是名演員休葛蘭。

當時他剛剛出道，年少英發，飾演劍橋剛畢業的薛瑞葛拉德很適合。他在影集裡只有兩句台詞，自我介紹：「我是助理動物學家，薛瑞葛拉德。我的朋友都叫我薛瑞。」哦，叫他薛瑞就好了呀？早知道我就不必把他的雙姓囉哩囉嗦一遍一遍翻譯。翻譯之難，就在於文化。

飾演阿蒙森等挪威隊員的，都是英語極佳的挪威演員。英國角色也有很多著名演員，我不認識，但英國來的海倫如數家珍。海倫和丈夫湯尼都是大倫敦地區的劇場工作者，她評論說，影集的步調、氣氛，表現出二十世紀初英國的社會特質，但是對史考特的評價，未免太苛刻了。

羅斯後人

話說，我們剛上船，就拿到全體隊職員的名單及房號，也發了名牌，要別在衣服上，方便大家認識。可是有些人不願意別，結果是一直到行程結束，我還是沒法把他們的大名和人兜在一起。也許他們寧可這樣？我都乖乖別著，但很快注意到，其實我反而不用別，因為船上只有我一個亞洲女性，所有人都記得我是誰，見面打招呼都很熱絡地喊著我的名字，好像老朋友。這很好啊。

英國隊員與狗，搭乘「新地號」駛往南極
隨行攝影家龐定攝

我們行程的主要目的地是羅斯海、羅斯冰棚和羅斯島，三處都是以最早發現它們的十九世紀英國探險家羅斯上校命名。而隊友名單顯示，我們隊上竟然有三位姓羅斯。這是巧合嗎？還是，跟老羅斯有關？

其中一對夫妻，詹姆斯和莎拉，常在船橋出現，我跟他們聊過幾句。詹姆斯七十九歲了，溫文有禮的英國紳士；莎拉也有七十五吧，瘦而挺，客氣而熱情。兩人精神矍鑠，望之如七十許，所有的活動都參加。

十日看完《最後之土》第一集後，我上船橋張望，羅斯夫婦也跟著上來了。我直接上前，問了詹姆斯這個問題。他爽快回答，是的，老羅斯是他的高祖父。

我又問，那另外一位菲莉帕呢？他回答：「菲莉帕是我的姪女，我哥哥約翰的女兒。我們都是羅斯上校的直系子孫。」

真的是這樣！

今年是羅斯上校航行至南極海面一百七十五周年。羅斯家族決定做點甚麼，來紀念這位成就很大但未受英國社會重視的祖先。在倫敦將舉辦研討會，討論羅斯功業；但詹姆斯既然繼承了高祖父的名字 James，一直也就想來走上一趟先人行過的舊路。今年不來，不可能再等二十五年了。

而我，竟然也就在這一年起心動念，參加了這趟以前從未考慮過的旅程。其中因緣，不可思議。

不僅是我，五湖四海的隊友們基於各自的考量，選擇這一年加入這個隊伍，來朝南極這座聖山，後來也覺得是上天奇妙的安排。

西伯利亞馬在「新地號」上

夢幻團隊

中國人對探險史沒有興趣，福州來的隊友朱先生告訴我。

朱先生是很好的業餘攝影家，拍了幾千張照片，準備出南極攝影集。但照片裡只有風景和野生動物，沒有史蹟。有關歷史的討論他也不參加。「那些跟中國人沒有關係。」他說。

在船橋另一頭，我詢問洛德尼：「甚麼時候，邀請羅斯家叔姪倆，給大家談談他們的家族故事啊？」

「已經邀請詹姆斯和菲莉帕跟大家談話，只是還沒確定時間而已。」他回答。

接著他問：「可是你為何關心羅斯家的事呢，你為甚麼來參加這趟旅行呢？」

這個問題，大概放在他心裡也有一段時間了。

我不免再度自報家門一遍。南極探險史，剛好我熟悉。翻譯過《世界最險惡之旅》，史考特「新地號」探險隊的每位隊員，都在我的筆下走過，我彷彿都認識。杭特福的書《最後之土》我也讀過，一年前還剛去挪威北極圈內的春色鎮 Tromsø 參觀過阿蒙森的遺物。

洛德尼和旁邊坐著的金髮美女，都聽得睜大眼睛。

我沒有說出口的是，史考特一行五人死在冰雪中的一九一二年，正是中華民國元年。而羅斯率軍艦來到南極海面的一八四一年，大清帝國在鴉片戰爭中慘敗，割讓了香港給英國。

我當然也沒有說，這些強烈的對比讓人沉思。歷史是人類共同造就，其實沒有時間和空間的界線。英國海軍縱橫全球海面兩世紀，在中國領域的所作所為，影響中國的歷史走向，直到今天。

洛德尼這時想起，轉頭介紹說，這位美女是本團副經理瑪姬。瑪姬也是作家，來自洛杉磯。哈佛大學畢業，專業寫作，已經出版了好幾本小說，上了《紐約時報》的書評版，其中一本還譯成日文。

那她為甚麼會在船上工作呢？她是來寫我們的航海日誌。沒錯，雖然掛著副理頭銜，她啥事不管，只做這件芝麻綠豆的小事。

航海日誌平鋪直敘，不需文采，通常是洛德尼自己寫，可是這回，他大老遠從美國請了專業小說家來寫，這是怎麼回事？殺雞焉用牛刀？

瑪姬說，她目前手上進行的是一部冒險小說。所以，從她的立場，她是搭免費船，為小說蒐集材料來的。

不只是她。探險史專家馬可士給我們講課，也幫我們用吸塵器清理衣服鞋子，做各種雜務。他告訴我，他是應邀來的。洛德尼跟前進號博物館的館長聯絡，問能不能派人來我們這團擔任講師兼工友，換取免費遊覽南極。馬可士立刻舉手說：「我去！我去！」

我已經發現，我們這趟旅行，俊男美女、才子佳人如雲，相當好萊塢。領隊洛德尼自己像一位資深演員兼製作人和導演，指導演出這部大卡司、大製作的史詩片。

現在我了解了，他確實打算組成夢幻團隊，作一次完美演出，目的是配合羅斯家族的一百七十五周年紀念之旅，因為羅斯是他心目中的英雄。

而我們的隊友，包括羅斯家族三人，不必懷疑，也是鑽石陣容、黃金組合，在南方之海與南極大陸，共同譜寫屬於自己的壯闊史詩。

羅斯
Sir James Clark Ross
英國海軍軍官
主要南極探險：一八三九～一八四三年
率領：羅斯探險隊
船隻：「恐怖號」與「陰神號」
成就：發現羅斯海、維多利亞地、羅斯冰棚、羅斯島，將羅斯島上的兩座火山命名為陰神山和恐怖山。這些地理發現都是後來南極探險的依據。

【第二部　世界盡頭】

首次踏上南極洲陸地　感覺極為強烈而複雜
壯闊　寧靜　美如仙境
海灣對面雪山層疊　冰川流瀉而下
碧海反映倒影　浮冰飄移其上
企鵝　像穿著大禮服的矮小紳士　在冰雪上列隊而行
當牠們停下來看你　牠們的眼中盡是好奇與純真
我們是外太空的訪客　闖入了一片夢土
天地之壯美　光影之雄奇　彷彿魔幻電影　異星球動漫

9．英雄特質與領袖品質

英雄時代

南極探險有一個「英雄時代」Heroic Age of Antarctic Exploration。從一八九七到一九一七，大約剛好二十年，而以史考特和阿蒙森的競逐為最高峰。這段期間，南極探險是國際矚目的焦點，一共有十個國家的十七支探險隊去到南極洲，十九個人在過程中喪生。

沒有現代交通工具和通訊設備，沒有恰當的裝備和足夠的知識，探險隊靠的是體力、勇氣、堅忍和冒險精神。這些是英雄特質。

另一方面，探險隊員很多具有文學與藝術天分。他們幾乎人人寫詳盡的日記和家信，也有攝影家、畫家和詩人。他們留下的紀錄傳達了那遙遠的南方冰雪世界奇異的美和冷酷，描述了他們親身經歷的磨難與考驗。

例如在史考特「新地號」探險隊上，威爾森擅長素描和水彩畫，龐定是專業攝影師，兩人的作品令我們在百年之後得以對比今昔，而想像他們當年的感覺。年輕隊員薛瑞葛拉德觀察敏銳，文筆優美，他寫的探險隊全紀錄《世界最險惡之旅》傳誦至今。我們的隊友，美國工程師陶德告訴我，他讀之再三，愈讀愈覺其好。

史考特本人更是讓我佩服。他臨死前坐在帳篷裡，同行隊友兩人已死，另兩人奄奄一息，帳篷外面颳著暴風雪，帳篷內已無糧食，死神在角落裡靜靜等待。他這時候做甚麼呢？他寫信，寫給妻子，寫給同遭大難的隊友之家人，寫給英國民眾：

山沉靜
海凝定
鳥
寂然飛

> 我們冒險，我們知道此行有風險，後來事情發展不利，我們沒有理由抱怨，只能屈服於上帝的意願，但仍下定決心盡力到底。我們願意奉獻生命在這件事業上，是為了我們國家的榮譽。

這封史考特的絕筆信「致英國民眾書」讓全英國掉淚，也鼓舞了英國的民心士氣。時間剛好是第一次世界大戰之前，探險家們所表現的英雄氣概正是各國所迫切需要的精神力量。

史考特如果活著回到英國，他是一個失敗的英雄。但是他死在冰棚上，成為悲劇的英雄。事實上，杭特福評論說：「他成了烈士。阿蒙森的成就被烈士的光輝掩蓋。」杭特福進一步指出：「史考特的文學才華是他的王牌。」他的絕筆信造成的效果像是他「從埋葬他的帳篷中伸出手來報復」。

阿蒙森被打敗了。英國人把他形容為卑鄙小人，不僅在競賽開始時隱藏真正的意圖，而且利用狗來達成目標，不像英國隊老老實實用人力拉雪橇。「勝之不武」。

反而是薛瑞葛拉德，幾年後撰寫《世界最險惡之旅》，持平而論說，阿蒙森成功的主要原因是「這個人極其卓越的品質」，尤其是，他有勇氣另闢新徑去尋找極點，而不循前人走過的舊路。

文學與藝術有強大的說服力，讓旁人以及後人得以如臨現場，彷彿親睹悲劇與榮耀一幕一幕展開。

探險家有能力描述他們在南極的所見所思，他們才成為英雄，他們的時代成為英雄時代。

進入南極圈

二月十二日，「蕭卡斯基院士號」在凌晨一點越過南緯六十六度三十四分，進入南極圈內。

洛德尼頭天下午即通知，願意起來上船橋目睹通過的人，請到書吧櫃台登記。如果人不多，他到時個別敲門喊醒；如果八成的人都有興趣，他就作全船廣播。

十二點半，廣播聲響起了。我並沒睡著，但是遷延著：黑暗的大海上，甚麼也沒有呀，要上去看啥呢？

後來聽說，眾人在船橋上一起看著雷達螢幕，指標顯示本船抵達那無形無象的圓圈，南緯六十六度三十四分時，輪流拍下螢幕畫面，大家散去。

其實，南極圈不僅無形無象，它甚至也不固定，而隨著地球軸心的改變而移動。地軸又受到月亮的牽引而傾斜。目前是在南緯六十六度三十三分到三十四分之間。

我起來上船橋時，已是早晨六點一刻。窗外飄著細雪，氣溫零度。高個子的大副尼可萊值班，他看見我進來，揮著手用英文說：「一個人也沒有！一個人也沒有！」鬧了一夜，他嫌我打破他難得的寧靜。

雷達顯示我們已在南緯六十七度三十分，西經一百七十一度，航向正南。

上午十點，在書吧舉行進入南極圈慶祝儀式。這是我經常流連之地，在書櫃上挑了一本書，坐在角落裡翻看。快十點時，人潮漸漸湧入，朱麗亞和兩位廚師忙著調飲料。大家儘量擠著坐，我旁邊的艾立克幫大家拿飲料過來，聞了聞，一股肉桂味。這叫熱紅酒，是紅酒溫熱了調進肉桂粉，聖誕節家庭常用酒品。

十點整，洛德尼敲敲杯子，開口講話，恭喜我們加入探險家行列，成為南極圈內的旅

「院士號」領隊洛德尼邀大家舉杯，慶祝進入南極圈

客。他說，很少人進到南極圈，即使現代觀光客，九成九只到阿根廷南邊的南極半島，沒有越過這象徵性的圈圈。他拿著一張紙，要我們跟著唸，宣誓愛護南極環境，保護自然景觀。我們當然口齒不清地鸚鵡學舌了。

他請大家舉杯同賀，我喝一口，好甜呀。喝完了杯底沉澱著肉桂粉。

馬上十一點就要放映《最後之土》第三集。洛德尼問大家，支持阿蒙森的人舉手。絕大多數人都舉手了，連羅斯家族三人都站在阿蒙森這邊。支持史考特的，包括大廚康諾在內，僅有三人。洛德尼拍著挪威人馬可士的肩膀說：「你很成功！」

馬可士的談話固然很好，影響更大的恐怕還是我們接下來看的影集。第三集片名叫「領袖」，講兩隊人馬在起步階段種種決定，反映出的領袖品質。兩支隊伍都爭取在冬天來臨前，儘量運送最多補給品到通往南極的路上，而且運到離南極愈近愈好。片尾，挪威隊全員在永夜開始前的晚餐桌上舉杯，慶祝完成任務，而英國隊則慘劇連連，運補更達不到預定的目標。

船上發放南極外套，借我們使用。深藍色，朱麗亞按各人尺寸一一送到艙房。同時拿到一片魔鬼氈，用簽字筆在上面寫自己名字，貼在外套胸前識別。

我發現這外套有它的道理：它就是為野外活動設計的，大小口袋、拉鍊，很多層次。而且大家都穿一樣的，從遠處容易看出這是一個團體。跟阿蒙森隊伍的裝備一樣，它是根據實際經驗，修改設計出來的最合適衣物。

傍晚，所在位置約南緯六十九度，我們快要脫離「尖叫之海」了。其實這兩天海面比前些時都平靜，六十度海域並不難纏。而七十度海域叫作甚麼呢？「寂靜之海」。因為進入羅斯海域，南極大陸兩邊包夾阻擋，風颼不起來。惡劣的海況已經過去。

10·登陸阿戴爾角

荒涼寂寞的木屋

南緯七十二度，西經一百七十一度。二月十三日，我們來到羅斯海的最北入口，維多利亞地 Victoria Land 東北端的半島尖端，阿戴爾角。一八四一年英國探險家羅斯首航至此時，以他的好友阿戴爾子爵之封號命名。

這是我們在南極洲嘗試登陸的第一個地點。船在午夜過後下錨。清晨六點，洛德尼廣播喚醒大家。我則早就起來了。

從船上遙望，岬角如詩如畫。白雪遮不住的山巖是黑色，較低的土地是赭紅色。海岸邊鋪的是糖霜般的軟雪，雪上密密麻麻的黑點是企鵝。近岸的海面全是剛開始結凍的膏狀軟冰，中間點綴著幾座純白的大小浮冰。淡淡的朝陽遍撒在冰雪上，映出微黃的光輝。

彷如中國水墨或西洋水彩的畫面中，卻有三座木屋佇立——更正確地說，是兩座木屋和半座殘屋，陳舊的木質與背景的赭紅色土地幾乎融為一體。唯獨較大的木屋有屋頂，頂上披覆著薄雪，便有了人間歲月的意味。

說也奇怪，這三座木屋竟增添了畫面的荒涼寂寞氣氛。也許因為它們讓人想像，在這遠離人世的海角天涯度過春夏秋冬的感覺。

孤星旅遊書上說，阿戴爾角風浪特別大，很少船隻登陸成功。就算包租直升機飛過去，在夏季也無法降落，因為這是阿德利企鵝 Adelie Penguin 的最大孵育地，岬角尖端

我們是外太空的訪客，闖入了一片夢土

上／阿德利企鵝在浮冰上迎接訪客
下／想像一下在此
度過一整年的感覺
左／阿戴爾角遠望
紅土之上
木屋佇立

的平地上，從十月起擠滿了企鵝，二十五萬對夫妻在此成婚、懷孕、產卵、孵育。一直到二月初，別說飛機降落，連人都走不過去。所以，到此一遊者幾希。

羅斯當年就沒能在此靠岸。十九世紀末，兩個挪威人首次在此登陸，其中一人四年後，一八九九年，率領了一支探險隊再度上岸，建立了兩座木屋，是南極洲第一個探險基地。十個人攜帶九十條狗，在此度過一整年，是人類在南極大陸度冬的第一支隊伍，他們的狗則是第一批在南極拉雪橇的狗。

這支隊伍叫作「大英國協探險隊」，成員中，五個是挪威人。帶頭的挪威人叫波契葛雷文克 Carsten Borchgrevink，因為移民到澳洲，入了籍，所以掛上大英國協的名號。

他以為阿戴爾角離紐西蘭最近，應該比較溫暖，沒想到南極的風順著大陸邊緣一路颳來，到岬角風勢最大，冬天裡尤其狂風怒吼，根本沒辦法出門作任何探索。

這三角地後面又全是崇山峻嶺，整個把它隔絕起來，就算天氣好的時候，想拉著雪橇攀過去也不可能。

隊員除挪威人外，還有英國人、拉普蘭人（北歐原住民）和澳洲人，彼此相處不融洽。波契葛雷文克自己形容，住了十個人的小小木屋裡經常是「一片死寂」。這是比孤獨更難堪的寂寞。

一年後，船隻終於把他們接走時，隊員暗暗發誓：永遠不再過這樣的日子。

又過了十一年。一九一一年一月，史考特的「新地號」探險船在阿戴爾角放下六個隊員，由坎波上尉 Victor Campbell 率領，來做科學調查，稱為「北隊」。他們也住了一年，在波契葛雷文克的木屋旁邊另外搭建了一間小屋，材料和工法不如挪威人的好，如今只剩殘跡。

這三座木屋，現在是重要的南極文化遺產，由紐西蘭管理維護。幾座遺跡集中在一塊小區域，紐西蘭「南極遺產基金會」規定，整個遺跡區，約四十公尺乘六十公尺的長方形土地內，同一時間不准超過四十人停留，有遺物的木屋內每次更只准四人在內，其中包括在場監督的紐西蘭代表一人。也就是，每次進去三人。

八點開始搭艇上岸。氣溫二度，我穿上剛領到的南極外套，戴頭套、墨鏡。濕登陸，全程穿雨靴。

尖岬一帶的海灘，叫作瑞德麗灘 Ridley Beach，從尖端劃分為南灘和北灘。通常浪大風強，很難登岸，但是洛德尼展示衛星圖給我們看，此時此刻，海面平靜。更難得的是，岸邊浮冰群剛好在南灘與北灘中間的尖角上有缺口，可容小艇靠近。

波契葛雷文克的木屋前有刷鞋處，各人把靴子刷洗乾淨，翹起腳底給代表檢查，確實乾淨、底紋中沒夾小石子兒，才放行。背包當然不得攜入，排列在門外長凳上。沒人願意把東西放在地上，滿地的企鵝大便、屍體、鮮血，把整個三角形半島染成紅黃色。

波契葛雷文克的木屋是唯一真正可參觀之處，裡面本來留存遺物上千件，但是紐西蘭遺產基金會拿去作整修，現在只有幾張雙層床和桌子等物。我們用小手電筒照亮，勉強看見一張下鋪的床頂上畫了彩色美女圖。後來馬可士告訴我們，美女畫旁邊還有一首挪威文的詩，他譯為英文，製作成圖片給我們看。我再譯成中文，大致是：

遠方鐘聲微
往事依稀隨
百花齊回首
唏噓莫可追

波契葛雷文克
Carsten Borchgrevink
挪威英國混血，代表英國探險
主要南極探險：一八九八～一九〇〇年
率領：南十字星探險隊
成就：首支隊伍在南極大陸度冬。去到南緯七十八度五十分，當時最南點。
遺跡：度冬總部木屋至今屹立於阿戴爾角。

上／天地壯美，光影雄奇
中／阿德利企鵝孵育地
下／是仙境吧
還是奇幻世界？
左／雪山層疊，冰川流瀉

冷酷仙境

一靠近瑞德麗灘，就看見岸邊浮冰上站滿黑背白腹的阿德利企鵝，像搭船離去的旅客，呱呱叫著，向岸上送行的親友道別。有些親友顯然不忍分離，在船已啟航的瞬間一躍入海，踢踢蹬蹬攀上浮冰，加入離去的行列。剩下的送行親友彷彿為牠們的勇氣歡呼，又彷彿惋惜自己未能隨行。

這些企鵝，大部分幼鳥已成青少年，披覆的銀灰色絨毛正在換成可以游泳的黑色大禮服成羽。季節已深，親鳥應該不再哺育，下海捕食消遙去。但今年似乎遲了，仍有很多親鳥和幼鳥居留在此。

我不知道百年前的兩支探險隊在這半島上看到甚麼、心情如何。我自己，踏上地球底部這一小方土地，感覺極為強烈而複雜。

壯闊、寧靜、美如仙境。海灣對面雪山層疊，冰川流瀉而下。碧海反映倒影，浮冰飄移其上。冰塊露出水面的部分雪白，水下部分卻透出綠色或藍綠色。巨海燕和賊鷗不時翔過天空。穿著大禮服的矮小紳士在冰雪上列隊而行，當牠們停下來看你，牠們的眼中盡是好奇與純真。

我們是外太空的訪客，闖入了一片夢土。天地之壯美，光影之雄奇，彷彿魔幻電影、異星球動漫。

可是一細看，遍地是矮小紳士的鮮血和屍體。死得久了的，僅存白骨浸泡泥漿；才死了的，全毛全屍仰浮在水坑裡。更多的，賊鷗和巨海燕正在啃食其肉，紅色骨架無語朝天。這是在魔幻場景拍攝的《悲慘世界》吧？

那跳上浮冰，急於離去的，難道認為別處更安全嗎？豈不見，巨海燕早已雄踞浮冰高

右／咦，鄰居不在家
左／來撿他一塊石頭

處，或是在最後一刻輕輕騰空，張開黑色大氅似的雙翼，降臨了企鵝的救生艇。牠們是死神，常伴企鵝左右，看準那弱者、遲緩者，便一口啄下。完全是恐怖片。

而企鵝，跟人類一樣，是自私的動物。牠們集體站在浮冰邊緣往水下看，想要下水捕魚，可是害怕海豹在冰下等著。怎麼辦呢？牠們聯手把一個同伴推擠下去，然後伸頭看牠有沒有遭到毒手。牠若安然無恙，大家便跟著撲通撲通跳下海。

阿德利企鵝蒐集小卵石做窩，公鵝向母鵝求愛時，便獻上一枚卵石作為定情信物。研究者形容，卵石對牠們有如珠寶。

早聽說牠們會偷竊，如今我們親眼看到。某鵝出去尋找卵石，近旁的鄰居背對著牠作無事狀，牠一走遠，鄰居轉過身來就撿起人家辛苦蒐集的卵石，放進自己的材料堆裡。如此一而再、再而三。遭竊者回來也許覺得不大對勁，但牠們不會數數目，也沒有證據可以興師問罪。那偷兒賊頭賊腦的樣子可一點也不紳士。非常的卓別林，或豆豆先生。

親鳥把食物存放在喉管內帶回，幼鳥一見親鳥即敲啄其嘴角，親鳥張開大嘴，讓幼鳥伸喙進入喉管取食。幼鳥貪婪，索食不已，親鳥受不了騷擾，也會大聲斥喝。若是喝不退呢？親鳥落荒而逃。

別的幼鳥父母未歸，或父母已喪生，看到別人有吃的，也想來分一杯羹，親子二鳥便合力驅趕。這樣餓慌的幼鳥很多，一身髒兮兮的絨毛，嘰嘰啾啾亂轉，彷彿《孤雛淚》、《塊肉餘生錄》裡的街頭遊童。料想下場多半悲慘。

我問海洋生物學家，俄國人葛瑞夏，遍地鵝屍，是否今年出了甚麼狀況？

他回答：「你想想，五十萬隻企鵝擠在這麼小一塊地上，牠們沒有爆發大瘟疫，我已經

別看我，跟我沒關係

上／浮冰是企鵝的船，要上的快上
中／清點人數，準備上山
下／巨海燕如死神，常伴左右
左／美景如幻，是上帝悲憐的眼神

覺得意外了。」

當生活如此艱苦，生命如此脆弱，奇異如幻的美景更像是布景、道具。或者，像是上帝悲憐的眼神。

跟著企鵝的腳步，上山

上午約十一點，我搭最後一班艇子返船。十五分鐘後，二度簡報。

一八九九年的「大英國協探險隊」，雖然代表英國，成員卻主要是挪威人。十人度冬隊伍中，有一位二十六歲的動物學家，挪威人韓森 Nicolai Hansen，病死於木屋，成為第一個喪身南極洲的人。他遺願要葬在海灘後方的山脊上。

這石頭、泥沙與冰雪堆成的山，論高度，僅有三百五十公尺，但是很陡峭。從洛德尼繪製的立體圖看來，仰角約六十度。韓森的隊友釘了一具薄木棺材，非常吃力地推拉上山，在山脊上用炸藥炸出一個洞，放進棺材，是南極洲第一次葬禮。這就是著名的「韓森之墓」。

而今，洛德尼說，我們當中勇健者可以組隊上山，去拜訪這墳墓。當今世上很少人上去過，阿戴爾角很難登陸是一，登山之路難行是二，第三則是：最安全的路徑，也就是六十度陡坡的無徑之徑，要先穿越五十萬隻企鵝棲息的三角形地帶，這通常不可能。但是今天，我們不但可以登陸，企鵝也疏疏落落，不構成阻礙；天氣陰但無風，體力佳者不妨一試。

他問有幾人願去，我貿貿然舉手。我早在書上讀過關於這小山的描述，坎波上尉率領的「北隊」隊員經常爬上山去瞭望，看天邊可有救援船隻的蹤影。

十二點出發。從早上六點半早餐，到現在沒吃東西，我需要一點能源，趕快去酒吧拿了幾片餅乾吞下肚。另外領了一袋零食，裝了一瓶水。

艇子到岸，雨靴換成登山靴，清點人數，總共二十七人，包括兩位俄國水手和七八位工作人員，高齡八十的隨船醫師也來了。

通過企鵝棲息地，開始爬坡。洛德尼說，跟著企鵝走，牠們知道路。這並不是說有企鵝走在前面，而是多少世紀以來，千萬隻企鵝天天走上走下，在白雪與黑石上留下鮮血、糞便和屍身，畫出有顏色的路線。

我很快就落在隊伍最後，仍然是葛瑞夏押陣陪我。坡很滑，我的登山鞋會滑！或者，不是鞋滑，不是雪滑，是我的心滑？

葛瑞夏好幾次安慰我說：「別怕，我就在後面，會撐住你。」我哪敢靠他撐？我聽到他自己也滑了幾次呢。

有一陣子我很喘，停下來休息。葛瑞夏說：「你可能太熱。」他要我除下雨衣的帽子，摘下太陽鏡，拉下保暖上衣的前拉鍊，又幫我把雨褲的褲腳繫緊。

這才爬了三分之一，洛德尼從山坡高處往下喊話，問我能不能爬，願不願繼續。全體隊員站立山壁上，屏息而聽，因為我若不爬，就得全隊下來，他們不能留下我一人。這一來，我成為累贅。

豈有此理，我體力沒這麼差。

我說我要上。葛瑞夏作我的傳聲筒，往山上喊：「她要上！」

一位隊友把他的兩支登山杖借給我一支，說或許有幫助。這談話間，我也定下神來，沉住氣，一步一步往上走。葛瑞夏還叫我別走太快，慢行才能耐久。上得陡坡，倒也並

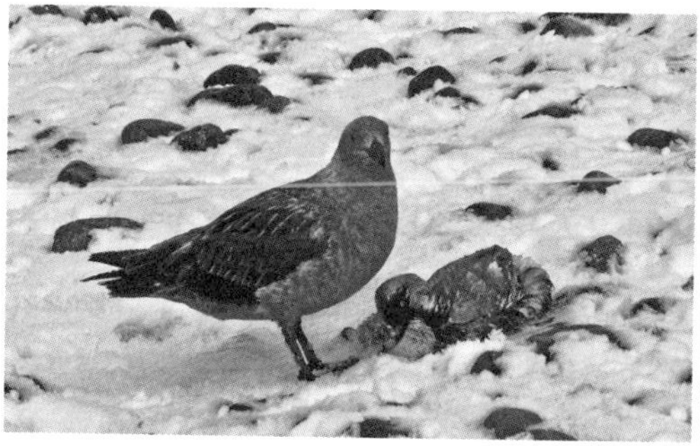

右／寶寶來吃飯
左／賊鷗啄食企鵝屍身

上山難，下山更難？

通往韓森之墓的險峻山坡

山頂積雪深厚，一踩一個深洞

百年前探險隊員之墓

沒有落後隊伍太多。

山上覆蓋新雪，一腳踩下去很深一個洞。我踏著前人足跡而行，比較省力。大群賊鷗在山上育雛，天上飛舞著成鳥。企鵝則不見蹤跡，在到頂之前便知趣止步。

來到墳墓前，鐵製的十字架聳立，一方小鐵塊鏤刻著韓森的名字。墓前平放一把鏟子。大家拍了合照，開始下山。

俯視那陡坡，還真有點令人膽寒。企鵝卻若無其事，閒閒站立。山下赭紅色三角地，從高處才看出它幾乎是完美的直角三角形。遠方雪山冰川，浮冰如帶，我們的船忠實地守候在海中。

先前我上山吃力，裴洛小姐在旁邊隨口說：「等一下下山才好看呢。」咳，衝著這句話我也得努力表現是吧。可是我覺得下山對我而言反而不難。一腳一印踩在前人的足跡上，還可以根據足跡研判踏哪兒比較好。偶然失足，坐在地上滑幾步也就停住了。至少有半數的人曾經用屁股滑，雖然沒有人願意這麼作。企鵝吃了一肚子的魚蝦，散發出強烈的魚腥味，屁股一沾地，就帶上了牠們免費奉送的紀念品，還很難洗掉。

回到灘頭，等橡皮艇來接，洛德尼向我道賀。我以為是因為我毫髮無損，或者是因為我沒拖累大家，豈料他說：

「你大概是第一個登上此山的台灣人，華人，或亞洲人。」

差一點成為累贅的我，原來囊括這麼多第一！

甚至沒有人與我並列第一，因為朱先生沒有去。

11．橫越羅斯海

冒險的繼承人

登山拜訪「韓森之墓」回船之後，有趣的是，隊友們對我更親切了。沒去的人聽說我去了，都驚訝讚佩；去了的人，很高興我沒拖累他們，也表示讚許。基督城來的克萊夫鄭重對我說：「遇到困難，你面對它、克服它。很好。」

原來堅持登山有這樣的好處。

克萊夫頭髮不多，背也有點駝，但全身肌肉強健，在隊友中大約是體能最好的。初次與他交談，是出發那天，在往布拉夫漁港的巴士上。他坐在我身旁，直接問我年齡。我告訴他，六十三歲。

「六十三？那還是小姑娘！」

哦？那敢問您貴庚呢？

「我六十五了，」他很神氣地說。

我感覺像是一個三歲的小女孩，站在五歲的大哥哥面前。

他告訴我，他經常爬山，也固定上健身房。阿戴爾角的山，確實不好爬。

船起錨了，航向東南，目標鯨魚灣 Bay of Whales，阿蒙森的南極根據地。但是首先經過「屬地島」(Possession Island，或譯珀澤申島)。預計晚餐後到達，洛德尼說，若海況許可，會嘗試登陸。哎喲，有的人說，從清早六點起床，一天下來還不夠累呀，吃過晚餐都九點了，還要整裝登陸？

阿戴爾角東岸

屬地島和福蔭島，中間夾一塊碑狀礁石

晚餐將結束時，洛德尼說，已來到屬地島旁，但有浮冰群圍繞，不是很理想。雖如此，他還是要嘗試登陸。他將派出兩艘橡皮艇，山姆駕駛一艘探路，他自己帶領羅斯家族三人駕駛另一艘。

他道歉說不能讓大家都去，但相信大家都能了解，這件事對羅斯家族有特殊意義。

一八四一年一月，羅斯上校率領「陰神號」和「恐怖號」兩艘海軍帆船，沿著阿戴爾角西岸進入羅斯海，看到海中島嶼。他派一艘小艇登陸其中較大的一個島，插了一面英國國旗，宣稱此島從此屬於維多利亞女王，故稱屬地島。後來還以金屬鏤刻了一面牌子，紀念此一事件，刻的是企鵝遍布全島，連山峰上都站的是。

我們在船橋上，拿望遠鏡看正前方的小島。是兩個島，屬地島和福蔭島 Foyn Island，肩並肩站著。左邊黑色巖石與尖錐山為屬地島，右邊是福蔭島。兩島中間有石如碑，形狀奇特，有隊友開玩笑說：「看見沒有？那是俄國潛艇伸出海面的潛望鏡！」

已經是晚間十點，陽光低垂在西方，照射得海面金光閃閃。兩艘小艇在浮冰中間穿梭來去，船橋上的我們互相詢問：「能登陸嗎？」看來答案是否定的。

我上床後，聽到洛德尼廣播，報告他們已安全返回。雖未上岸，但羅斯家族得以在當年祖先登陸的確實地點憑弔，很感欣慰。

次日（十四日）傍晚，羅斯家族邀請大家到書吧去，與他們一同慶祝。

詹姆斯與妻子莎拉請工作人員開香檳，夫妻倆親自端給每一個人。到我這桌，銀髮的莎拉溫暖地對我微笑，先捧杯給我。我誠懇地說：「非常榮幸。」後來晚餐時我再度向她道謝，她熱情擁抱我，在我耳邊說：「上帝祝福你。」

詹姆斯起立，感謝大家來與羅斯家族共度此一紀念時刻，大家舉杯同賀。然後夫婦二人與姪女菲莉帕分別到每桌敬酒，好像中國人的喜宴。有人問詹姆斯，他們是否為紀念先祖泛羅斯海一百七十五周年，專程來此。他回答，計畫壯遊南極已經多年，今年才終於成行。類似的話，我也聽別的隊友說過。

羅斯家人並未能登陸，但是詹姆斯和菲莉帕攀上島邊的固著冰上，拉開他們的家旗，拍了照片。在慶祝酒會上，菲莉帕又把這面黑白旗幟展現給大家看。

這位女士約六十歲，十年前從英國移民紐西蘭。她是環境運動者，擅長運用媒體，以「羅斯後人」的身分為環保團體如「綠色和平」增加重量。

三月八日我們的旅程結束後，她一回到家，便與紐西蘭第一大報《先驅報》聯繫，做了專訪，兩天後報紙刊出一大篇報導，標題是：「菲莉帕．羅斯，冒險的繼承人」。附上她叔姪二人在屬地島展旗的照片。

這是我們隊伍第二次上了紐西蘭主流媒體新聞。第一次？容後再表。

羅斯海上的子夜霞光

浪漫情人之極地蜜月

十四日晚間七點，經理朱麗亞廣播說，我們剛剛通過了國際換日線，回到昨天。所以明天起床，仍然是情人節。

次日早餐時，大律師彼得坐斜對面，問我今日何日。我答二月十五日。

雖然船隻載著我們穿越抽象的時間之牆，回到昨日之日，但過兩天我們又須再度穿越，回返明日世界。洛德尼說我們別管時間帶，照樣遵循紐西蘭時間。其實在高緯度地區，經度分別極小，目前是永晝期，二十四小時無差別。

我順便加一句，剛好是我的結婚四十周年紀念日。

羅斯海的子夜，仍如黃昏

一桌的人都轉頭看我。我意識到，他們本以為我是單身，現在知道我不僅有丈夫，而且結婚已有四十年了。有人怕聽錯，追問是「四十年」還是「十四年」。我了解這問話背後的意思，四十年的話是一次婚姻，十四年的話多半是第二次以上。

大家很溫馨，舉咖啡杯向我慶賀。有人問我為何先生沒來。我解釋，先生原本計畫帶我去夏威夷慶祝。

彼得說：「啊，那很浪漫！」

「可是我不想去夏威夷，我覺得來這裡比較浪漫。」坐我右邊的美國人瑪琳馬上點頭說，她贊成。夏威夷哪有南極浪漫？

我繼續說：「他不想來。這就成為他送給我的周年禮物。」坐在對面的英國人海倫雙眼迷濛地說：「啊，那真浪漫！」

我又說：「我每天都寫長信回家報告。」

這句話大概安慰了女隊友們的浪漫之心。大家都展顏而笑了。

澳洲人比爾告訴我，他和妻子潘蜜拉的五十周年紀念今年一月剛剛過去。但潘蜜拉要繼續慶祝，準備了一面旗幟，上面寫著「五十周年慶」，在船上到處掛。等我們登上羅斯島，只要有機會，兩人要在茫茫雪地上拉開旗幟，拍照留念。

我很敬佩地問：「這是你想出來的慶祝方法嗎？」他彷彿大吃一驚，搖頭道：「哪是！這是女人家的花樣。」

比爾留著灰白鬍髭，腦後綁著灰白小辮子，經常笑嘻嘻地，看起來不到七十。五十周年？那他們得要多年輕就結婚了呀？他說，潘蜜拉十三歲時，他就開始追她。

潘蜜拉留花白的江青頭，眉間三道直紋，嘴唇和指甲卻都是紅豔豔的。這相互衝突的強烈意象令我每次見到她，眼睛便打一個結。她到現在還暈船，集會時總是坐在門口，以便隨時奔出去。她告訴我，她寫詩，翻開手上的「南極筆記」，唸她新寫的詩給我聽。

很浪漫的女士吧？

後來我們到了羅斯島，去美國工作站參觀，他倆進到那裡的教堂，把旗幟拿出來，鋪在牧師講桌上，請牧師主持重申婚誓的儀式，眾隊友擔任來賓。從那時起，在船上吃飯時，大家都把餐廳最裡面一張六人桌留給他倆，老夫妻天天三頓飯親密浪漫蜜月餐，別人不去打擾。

我曾問比爾，他退休前做何工作。他說他替澳洲中央政府做事。

「我只能說到這裡，」他朝我擠擠眼睛：「一個字都不能多說。真的，這是秘密。」

哇，退休的、浪漫的，澳洲〇〇七嗎？

壯士無語向黃昏

我們在羅斯海上，由西北向東南航行。船行平穩，又無奇景可觀，適合聽講。羅斯家族的談話就安排在這樣的上午。

詹姆斯拿起麥克風，用他的牛津英語，慢條斯理、口齒清晰、抑揚頓挫地，解釋為何他的祖先羅斯上校，雖然在探險史上功績顯赫，卻相對沒沒無聞。但他必須先說明，在十九世紀前半，英國為何積極在全世界探險。

「在一八一四年，」他說：「對不起，山姆，拿破崙打敗了。」哄堂大笑。

就像柏林圍牆倒下的時候美國獨霸；拿破崙帝國垮了，法國弱了，英國沒有敵人了。

海軍部嶺在暮色中

但是，國家還是需要英雄。軍人，尤其是海軍，還是需要戰鬥意志。於是他們以國家的力量出去探險，開闢另一個戰場，打另一種仗。

羅斯出生於一八〇〇年，從十二歲起加入海軍，追隨叔父約翰探察北極，後來自己率隊，多次探勘兩極，有諸多地理發現。返回英國後他受獎封爵，但是英國社會對他很冷淡，原因可能是「他的探險生涯順利，英國人覺得他很乏味，對他沒興趣，」詹姆斯意有所指地說：「你們知道，他們喜歡失敗的英雄、悲劇的英雄。」所以羅斯爵士安安靜靜的退休了。

英國當時沒有意識到羅斯的成就，只認為他既沒有去到北極點，也沒有發現南極點，沒有高潮迭起的經歷——我認為，是因為他沒有寫出可以傳述的故事。理解他的貢獻、對他推崇最力的，反而是挪威人阿蒙森。

另一個原因，詹姆斯說，是「因為他沒有愛爭勝出頭的太太。」又是一陣哄堂。我們看《最後之土》影片，對於史考特的妻子凱絲琳的強悍態度印象深刻。羅斯結束探險事業以後才結婚，七八年後妻子就過世了，她是個安靜的女人。

他退休以後做甚麼呢？有人問。「啊，我一直避免談到這個，」大家又笑了。

詹姆斯說：「他愛喝兩杯，既然世人不注意他，他就好好享受他的鄉紳生活。」

菲莉帕接著上場。她的眉眼邊條紋深刻，眼睛卻射出精光，笑起來熱情真誠。本行是心理學，曾經給我一張名片，上面印的頭銜很多也很奇特，例如「熱誠學家」、「心靈導師」、「靈氣治療師」。她說她不喜歡「心理治療師」之類普通的稱號，想出一些不一樣的來描述自己所做的事。

不過她也有兩個比較普通的頭銜：作家、演講者。她告訴我，她寫部落格，這趟旅行她每天紀錄發表。

這是我們隊上第幾位作家啦？

她善用羅斯後人的身分，積極投入南極動物保育的活動，成立基金會，結合紐西蘭其他保育組織和關心人士的力量，前幾年拍了一部紀錄片《最後的海洋》*The Last Ocean*，二〇一二年在奧克蘭首映。片子批評紐西蘭政府縱容漁業公司在羅斯海域濫捕，其他國家跟進，造成羅斯海這片全世界最後的純淨之海生態破壞。

她情緒激動，講不了幾句就哽咽。但她準備充分，幻燈片、講稿都有條有理。大家熱烈鼓掌，並且要求擇日放映這部紀錄片。

午餐時，半世紀前在高雄遊玩過的美國人鮑伯坐在我對面，我們談起，這次旅行很幸運，成員很有趣，行程也順利。鮑伯以先知口吻預言說：「一百年後，歷史記載，赴南極的旅行團體，以二〇一六年二月的那次為最後一次，也是最為精彩的一次……」

哈哈！當然不是。我想每個隊伍有它的精彩人物，每個人有他精彩的一面，只待參與者去發掘、去欣賞。

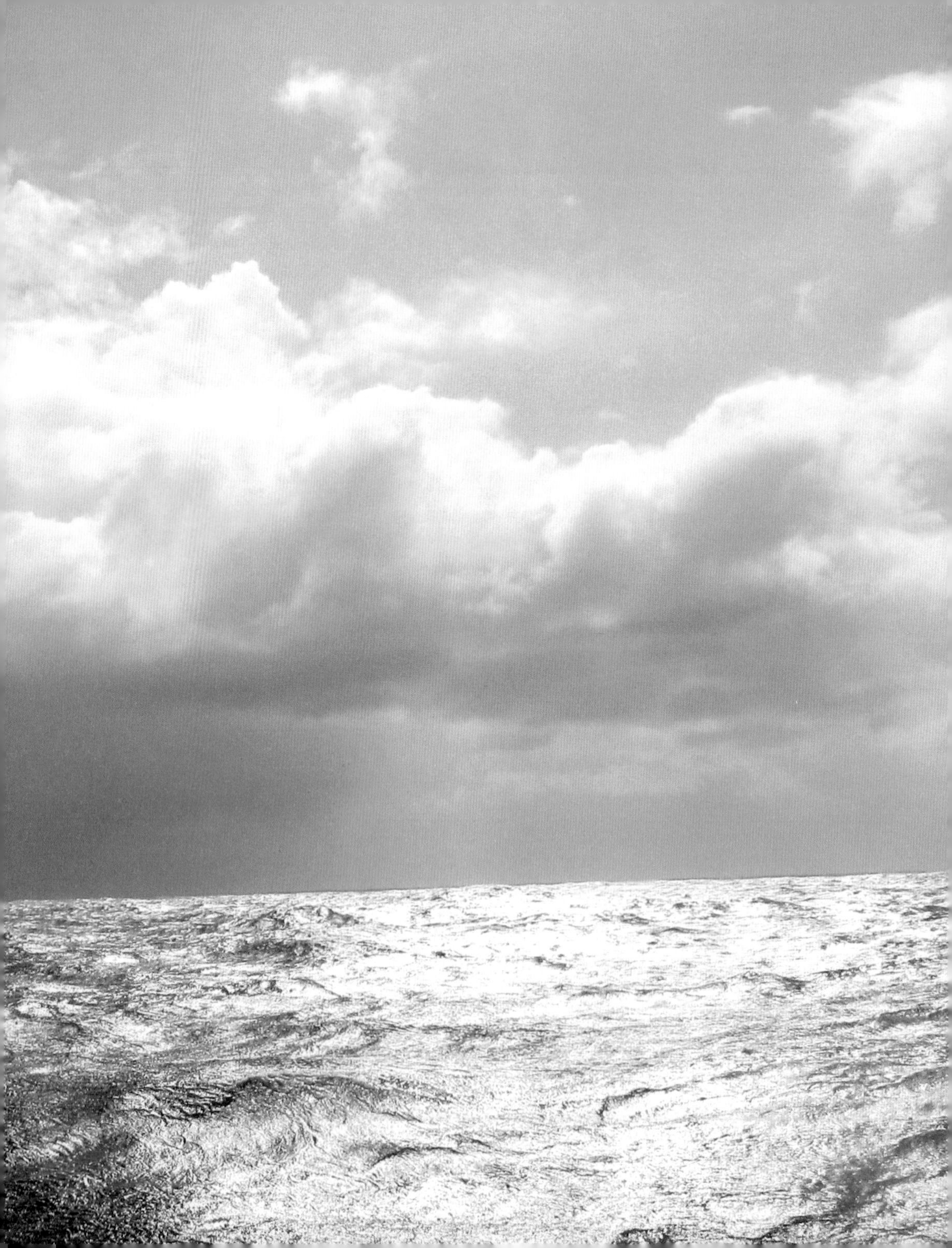

12·已消失的鯨魚灣

史上最南之白色冰牆

二月十五日傍晚，沉沉霧靄籠罩海面，能見度極低。「院士號」憑藉雷達小心前進，速度每小時僅十五海浬。晚餐後，大家都跑到船橋上看，卻甚麼也看不到。

九點多，洛德尼報告說，再五六浬，我們就會來到羅斯冰棚，但是船長決定熄火停車，就地漂流。因為看不見東西，到了也無意義，不如讓大家回去睡覺，明早霧若散了，再發動前進。

二月十六日清晨，五點起床。五點二十分聽到廣播，洛德尼說霧已散去，船已來到鯨魚灣，景色壯麗，歡迎來船橋觀賞。如果想要出去甲板，請注意保暖防滑，外面氣溫零下十九度，甲板上都是冰。

我即刻穿上厚外套，戴上手套，踩著雨靴，從船橋後門上了最高層的瞭望塔。

左舷正前方，白色巨牆像海堤一般，由海面陡然升高，卻不是牆，後面結結實實是白茫茫的整片冰原。

然而又不是冰原，沒有陸地，完全由海冰凝結而成，是浮動的、不斷變動的，世界上最大塊的浮冰，這就是羅斯冰棚。前緣隨時會斷裂滑落海中，變成冰山向北漂移，新結的冰則從後面補充擠入。結果是，冰棚整體如輸送帶般，向海緩慢移動。

冰棚高度從十五公尺到三十公尺不等，寬達六百公里。書上記載的鯨魚灣在羅斯海的東端，是羅斯冰棚的起點。一九〇八年，英國探險家沙克爾頓 Ernest Shackleton 來到此處海域，發現冰棚裂解形成小灣，鯨魚成群，在海中游泳，於是命名鯨魚灣。

沙克爾頓也是英雄時代的要角，他原本是史考特「發現號」探險隊的副手，一九〇二年與史考特、威爾森三人拉雪橇赴南極點，抵達南緯八十二度十二分，是當時破紀錄的最南點。一九〇七年他自己組隊來南極探險，次年一月來到鯨魚灣，原本想要由此登上冰棚築營，但當時評估冰況不穩，只得另尋營地。

他臨危不亂，領導能力過人。洛德尼認為，史考特若沒有死在冰上，英國人最崇拜的探險家會是沙克爾頓。

一九一一年，阿蒙森根據沙克爾頓的紀錄，知道此處有一灣口，可以登上冰棚，決定在上面搭建度冬總部。隊員質疑說，冰棚不安全，會滑落融解。阿蒙森回答，這裡距離南極點最近，比史考特築營的羅斯島近了半個緯度（約五十五公里），在進擊南極點的競賽中，起步就搶了個先。這個險值得冒。

一個世紀過去，史考特的營房至今保存，阿蒙森的木屋則老早深埋冰裡、跌落海中，消失得無影無蹤。我們來到鯨魚灣，因此沒有任何實物可供憑弔，而只能依賴想像，遙思當年。

其實就連「鯨魚灣」也已是歷史名詞。冰棚後退，當年的小灣不存，此刻我們面對的是整堵高牆，沒有登上冰棚的可能。只能請船長儘量靠近冰棚航行，讓我們拍拍照。

陰霾的天空下著細雪，唯有冰棚反映出強烈的白光。一群皇帝企鵝在冰棚邊緣的低凹處聚集，另兩群在較遠的冰棚上。邊緣的冰大都堅實如水泥牆，抹得平平整整，惟少數靠海面處融蝕，露出綠色的洞穴。

這兩天我們時時注意海面動靜，卻僅極偶然見到鯨魚上升吐氣。純白的雪鸌倒是不時

沙克爾頓

Sir Ernest Shackleton

愛爾蘭人，英國海軍預官

第一次南極探險：一九〇一～一九〇四，擔任史考特「發現號」的瞭望官與安全官，隨同史考特與威爾森拉雪橇至南緯八十二度。

第二次南極探險：一九〇七～一九〇九，指揮船隻「獵人號」，在羅斯島洛伊茲角建立總部木屋，與三位夥伴奔馳至南緯八十八度，創下最新紀錄。

第三次南極探險：一九一四～一九一七，率領「帝國縱貫南極洲探險隊」，指揮「堅忍號」與「南極光號」，分南北兩隊登陸南極洲。但兩隊都非常不順利，北隊船沉，人在冰上漂流；南隊三人喪生，其餘隊員受困於埃文斯角，在史考特的新地號木屋中苦等兩年才獲救。史家把他們獲救返回倫敦的一九一七年定為南極探險英雄時代的結束。

遺跡：洛伊茲角木屋完好保存。

從船上遙望羅斯冰棚，閃亮不可逼視

在船頭升降翻飛。

今年冰棚融解比往年都多，我們來到的地點比阿蒙森當年登岸的地點更南。事實上，洛德尼說，我們的船就從他們營地的舊址上面駛過，甚至穿越他們當年駕駛狗隊前往南極的路線。

這天晚上，紐西蘭第三電視台的晚間新聞報導，我們的船「蕭卡斯基院士號」去到了從未有船去過的最南方。洛德尼接受訪問宣布，我們破了紀錄，雷達顯示我們的緯度：南緯七十八度四十三分九百七十一秒，不曾有任何船來過。若與阿蒙森比，我們比他更靠近南極點七分。

一八四一年羅斯發現這片海時，他的緯度是南緯七十八度十一分。

阿蒙森搭建的營地，位置在南緯七十八度三十八分。

緯度一分相當於一．八五公里，我們所見到的冰棚比一百年前阿蒙森時代退後了十三公里。

接受訪問、發新聞稿，當然是洛德尼的商業手法。其實地球暖化，冰棚融解，船隻來到營地舊址的更南方，對人類的前途是個惡兆，我們為此上新聞，實在不是好事。

冰棚上的堡壘

白色冰牆只給我們欣賞了兩個多小時。早上八點，霧又起了。啟航向西，目標羅斯島，南極探險的最主要根據地。

船並未如我所期望的，沿著冰棚航行，而走直線，切過羅斯海。這一來，無景可看了。

我們下二層甲板去聽演講。馬可士今天又給我們上一課，講題是：「穩如磐石的前進號之家」Framheim “on the Rocks”。這是反話，因為阿蒙森的南極總部建在冰上，危如累卵。

他向南森借來的船「前進號」，挪威文叫 Fram，在鯨魚灣冰棚上蓋起的木屋則叫作 Framheim，意思是前進號的家。房子建在不斷移動的冰棚上，隨時有裂解倒塌的可能。阿蒙森對此很清楚，他在日記上說，經常聽到屋下冰棚吱呀移動之聲。

木屋是在挪威阿蒙森家的庭院中，先請木匠搭好。長寬高是五×四×五公尺，牆面是四層三吋厚的木板，每兩層中間夾一層硬紙板。所有家具都預先規劃設計，大餐桌可以向上收入天花板，以便清理。房子蓋好後，每塊木板都編號，然後拆卸、分包，裝載上船，到南極洲後再重新組合起來。

這位高手木匠從一開始就知道阿蒙森要去的是南極，因為北極沒有陸地，用不上這樣的房子。完工後他要求加入探險隊赴南極，獲准。在羅斯冰棚上度冬期間，他幫阿蒙森削減雪橇非必要部分，竟能減少六成的重量而不降低效能和強度。雪橇上裝載的木箱也削薄，減重。

但是這些都是出於阿蒙森的指示，木匠負責執行而已。阿蒙森日夜思索，對每樣用品都有獨具匠心的設計和改造，例如他把傳統白色帳篷染成黑色，好處有三：吸熱、在雪地醒目以及睡覺不刺眼。帳篷底所鋪的地毯，與帳篷邊縫成一體，暖氣不外洩，又方便收拾，也是他的新創。

裝食物和用具的木箱固定在雪橇上，箱子上有蓋子，取用東西時只需揭開蓋子，不必脫下手套，減少凍傷可能，也省得紮營拔營時搬上搬下。食物的選擇和包裝首重營養均衡和空間的有效使用，放棄額外的享受如巧克力。

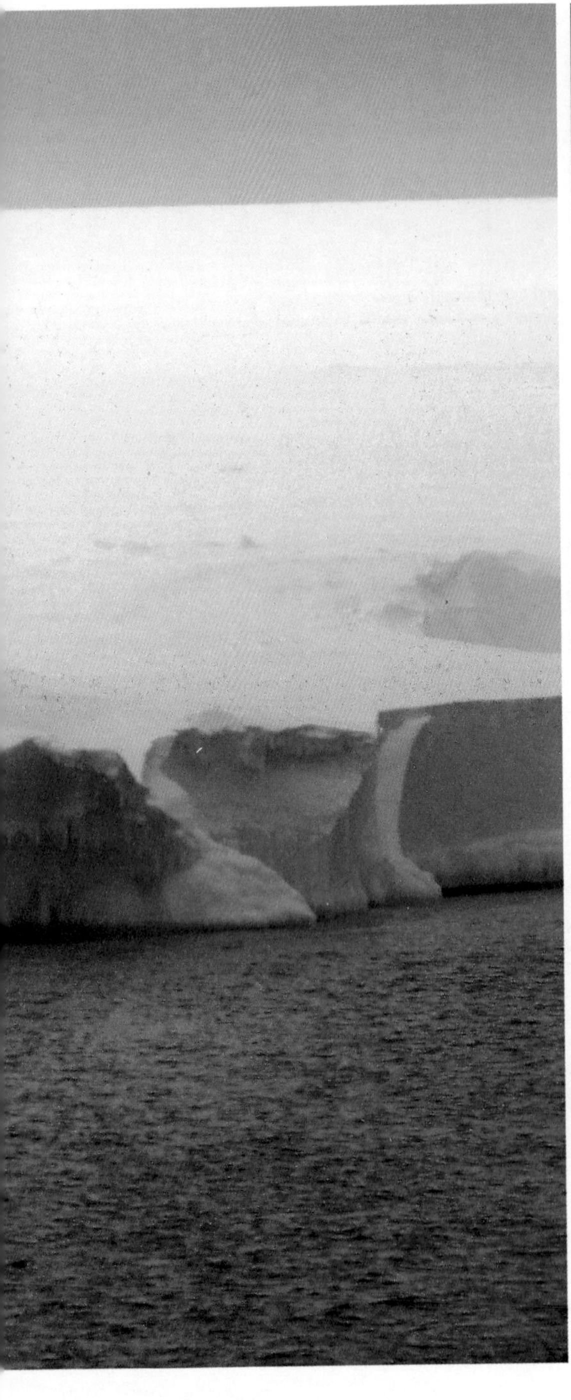

羅斯冰棚霧氣蒸騰

冰棚整齊處如白色海堤

最後的海洋，羅斯海

皇帝企鵝聚集冰棚邊緣

整個冬天全隊隊員忙著修改衣物，滑雪靴子修改了好幾遍，加強保暖，增加彈性。上路時每個人多帶至少一雙靴子，以防破損。結果是，全隊沒有一個人凍傷，也沒有一個人得壞血病。

但木屋並非他們僅有的生活範圍。遠勝過英國隊的局限於木屋，他們有外圍建築：帳篷。拉雪橇的狗睡在幾個帳篷裡，另外有廁所專用帳篷、木工專用帳篷等。帳篷的搭建法學北極區遊牧民族因紐特人，正方形金字塔，中央一根主要支柱。也學他們，人的排泄物由狗來負責清理。

既然冰棚在水面上的部分就有十五到三十公尺厚，而這只是整體厚度的九分之一，他們用炸藥炸開，挖掘成為地道，連結木屋與周遭各帳篷。這樣，往來取物、工作或上廁所不必出去衝冒風雪。

木屋的門開在背風面，雖如此，他們都不走大門，而從地道出入，避免暖氣洩出。甚至挖出一間芬蘭蒸汽浴室！因為拉雪橇出門回來，能洗個熱氣騰騰的澡是無上的享受。這是英國隊作夢也不敢想的。

阿蒙森的狗是在格陵蘭買的，御狗的皮索和狗拉車時的排列方式，也採取格陵蘭式。阿拉斯加排列法是眾狗成一直列，或兩條兩條並排，前後互相連接；格陵蘭式則是眾狗成扇形分布，每狗一條韁繩，互不牽絆。我們看影集《最後之土》中所見即是如此。阿蒙森採取格陵蘭式而非阿拉斯加式，因為如遇冰縫、冰穴，成一直列繫在同一皮索上的狗會一條接一條掉落下去，而把整輛雪橇拉落。扇形分布法則因每條皮索僅繫一狗，一狗掉落，其他狗能合力把牠拉起來，雪橇也不會落下。

「細節！細節！」馬可士說。成功與失敗都是細節累積起來的，差別就在細節當中。

挪威隊都是以狗拉雪橇

最後的海洋

船上的俄國海洋生物學家葛瑞夏，前幾天跟我們講羅斯海域的保育計畫。原來他是南極條約國保育組織 CCAMLR 的俄國科學組代表！啊呀，可小看人家了，還陪我爬山，說我如果滑倒他會撐住我呢。

保育組織這幾年反覆討論，美國和紐西蘭各提出一個方案，畫出的禁止捕魚範圍其實大致雷同。快要達到共識時，新加入的會員國，中國，卻提出另一方案，把禁捕範圍畫得更大。

這看起來是好事，但是每一個方案都需要 CCAMLR 的科學組仔細研究是否有足夠科學根據，過程曠日廢時；而且任何方案都需要全體會員國一致通過，才能執行。擴大範圍，通過的難度更高。葛瑞夏懷疑中國提出新案不懷好意，其實是延阻羅斯海執行禁捕禁漁。

不過，更大的問題是，參與南極條約的國家是自願遵行條約規定，沒參加的國家根本可以不理。這條約組織沒有牙齒的。

菲莉帕提供一張紀錄片影碟，《最後的海洋》，放映給大家看。此片二〇一二年在奧克蘭首映，講羅斯海域的保育。

迫在眉睫需要保護的南極生物，首推 Toothfish，中文譯作「鱗頭犬牙南極魚」，我簡稱牠「南極魚」好了。這魚在羅斯海優遊度日，往往活到四五十歲以上，長到一兩公尺長。據紀錄片說，牠的肉質鮮美，怎麼料理怎麼好吃。

而紐西蘭這個以環保著稱的國家，竟授權三富漁業公司 Sanford，率先在羅斯海捕撈南極魚，賺取相當於一．三%的外匯收入。接受訪問的紐西蘭主管官員是一位中年女

英國隊則認為人力拉雪橇最可靠

士，悍然表示「紐西蘭不必為此道歉」，紐西蘭認為此漁業可以永續經營，紐西蘭是有責任感的正派國家，如果紐西蘭停止捕撈，其他國家照樣會捕，而它們可不一定像紐西蘭這樣有良心。

其他搶著來捕南極魚的國家，首推南韓，也有台灣，另外如美國、阿根廷、智利、中國，都在每年短短兩三個月的捕撈期，擠進羅斯海下網。為甚麼他們要穿越世界上最浪濤洶湧的海域，到這麼遙遠的地方來捕魚呢？很簡單，因為這是最後一片乾淨的、原始的海洋，全世界其他的海域都已經「過漁」——過度漁撈了。我在二十多年前寫《海洋台灣》時，已經了解是如此。

統計數字顯示，自紐西蘭起始捕撈南極魚以來，海域中的這種魚已經減少一半。這可絕對不是「永續經營」。這種魚以中型魚為食，然後成為大型海生物如鯨魚的主食，在海洋食物鏈中居於相當上層，牠的驟減對全世界的海洋都構成很大衝擊。

為了怕消費者聽說過不該吃南極魚，歐美市場給牠取了別名，稱牠為智利海鱸 Chilean Sea Bass，混淆視聽。糟糕，我們在挪威的遊輪上，好像吃過牠？紀錄片顯示，市場價格並不高，每公斤五．九九美元而已，真是為蠅頭小利，賠掉地球上最後一片純淨的海洋呀。

我查網路，二〇一三年《臺紐經濟合作協定》簽訂之後，台灣進口的紐西蘭水產之一就是 Tooth Fish，給它取了很好聽的中文名字，叫「美露鱈」。

其實不管哪國提出的禁漁方案，即使通過，也完全無意義。因為美國和紐西蘭的方案中，都把南極魚的主要漁場劃出禁漁範圍之外。換言之，漁公司根本不必擔心禁漁。

紐西蘭會繼續發執照給三富漁業。

保育者因此只能向一般消費者提出呼籲：不要買、不要吃任何「產自南極海域」的漁產，不管它叫甚麼名字。

放映完，大家心情都有點沉重。我排在出場隊伍的後面，回頭一看，菲莉帕正在座位上拭淚，忍不住過去給她一個擁抱。她低聲說：「謝謝你。」

人類所有的探險都是破壞之始。但探險家羅斯有此後人，亦可告慰。

13．南極首都

麥克鎮的美國人

「今天是最無聊的一天，」二月十八日，洛德尼宣布。因為今天我們要登上羅斯島，去參觀兩個無聊的地方：美國的麥克默多站 McMurdo Station 和紐西蘭的史考特基地 Scott Base。哈哈！

昨晚在我們的睡夢中，船來到麥克默多峽灣，停車深水處。昨晚入睡前，已經簡報過，今天一大早分批出發，搭小艇上岸去。分成六組，我是第三組，九點一刻登艇。

麥克默多峽灣在探險史上鼎鼎大名，史考特兩度探南極，都從峽灣不同地點登上羅斯島，搭建木屋作為總部。曾為史考特副手的沙克爾頓，自己領軍探南極時，也在島上搭建根據地。他們都在這裡整軍、從這裡出發，去征服世界盡頭那個想像的終極點。

羅斯島西南面有一條長長的半島，叫作「小屋岬半島」，我們上岸的地方在半島尖端的西側，叫作「小屋岬」，都因史考特發現號探險隊在此建了木屋而得名。如今，小屋岬後面較平坦處都蓋起房子，是美國的南極科學研究總部，南極洲人口最集中的地方。正式名稱雖叫作麥克默多站，俗稱「麥克鎮」字號更響。又被封為「南極首都」。

美國人指定我們在「香腸點」Sausage Point 登岸，洛德尼說他從來沒用過這碼頭，是方的是扁的他都不知道，所以一大早六點多，他先駕小艇實地考察，才能告訴我們是濕登陸還是乾登陸，需不需要換靴子。

他回來報告說：「濕登陸，要走一段路，但不遠，雨靴穿到底即可。」

雪教堂被橫七豎八的電線包圍

鎮上大看板標示，今日氣溫加上風效，相當於零下二十九度。

美國方面派了人來接每艘小艇，並且導覽。上岸一看，像西部開拓時期的荒涼小鎮，風沙滾滾，彷彿毫無規劃設計，街不成街，巷不是巷，房子蓋得醜又凌亂，滿天懸掛著電線。人生活其間，想必委屈。

唯一漂亮的房子是教堂，蓋得其實簡單，但是別有風味。裡面的彩繪玻璃是企鵝、十字架，同樣簡單而美。更美的是教堂背後的峽灣、峽灣對面的雪山。

我們進入主要建築，脫下厚重外衣掛著，一條長廊，很像美國高中或大學的校舍。隊友們或上廁所，或逛商店，我獨自到大門附近飲水機去喝水，卻有一個五十多歲的美國男人跟著我轉來轉去，多方搭訕。穿著與常人無異，眼神裡盡是空虛。我才知道，南極也有遊民，在他自己心靈的荒原上流浪，向路人甲乙乞討最膚淺的溫情。

鎮上居民全部是工作人員，夏天約一千一百人，冬天約二百五十人。我們的導覽是一位上了年紀的女士，名叫麗姿。後來在咖啡廳喝咖啡吃點心的時候跟她聊天，她說她是行政人員，只在夏天工作，到了四月入秋，就飛去紐西蘭，來春再從基督城飛返羅斯島。

她說這裡待遇比在美國本土低了三分之一，所得稅則按照美國本土的稅率繳納。但是這裡管吃管住，沒街逛沒館子上，沒有地方花錢，存下的錢反而多很多。工作時間長，但是不需要自己做任何煮飯清理的雜務，空閒的時間完全是自己的。一九九八年第一次來，喜歡上這種生活方式，一轉眼十幾年過去了。

麗姿不在這裡度冬，但紀念品店的華裔女店員一年四季都在此。店裡賣的DVD中，有一張是紀錄片《南極：冰上一年》*Antarctica, a Year on Ice*，是一位紐西蘭攝影家拍攝

南極首都，麥克鎮

的，講美國和紐西蘭南極基地一年的生活，我們在船上看了。片中，幾位度冬的受訪者都說，冬天很苦悶，可是當春天來臨，第一架美軍運輸機載運首批工作人員回來的時候，度冬者醒悟：寂寞的冬天才是南極最好的時光。新到者皮膚都曬成古銅色，才對比出度冬者缺少陽光，膚色變得多麼蒼白。到餐廳吃飯，度冬者發現竟然需要排隊，內心油然滋生憤慨。

一位消防隊員說，他拿著餐盤離開吵吵嚷嚷的餐廳，回到自己房間去吃，一邊沉思自己到底在氣甚麼。這時有人敲門，他的幾位隊友站在外面。幾個人在他的小房間裡默默吃完飯，誰也不說話，「那真是太好了。」他說。

所以，麥克鎮的人，至少有些人，活得很快樂。

我們隊上的美國人，到了這裡也變得比較快樂，臉上流露著驕傲和喜悅，彷彿平常跟我們在船上相處，是壓抑著、遷就著的。中午返船吃飯，同桌剛好有四個是美國人，都笑吟吟地，其中工程師陶德坐在我旁邊，我忍不住問：「你們美國人很以麥克鎮為榮，是吧？」

他的微笑不減，慢慢轉臉對我說：「我以他們的科學成就為榮。」

他本行工程師，但兼修物理，大學畢業後又進入建築業，成為包商。因為他科學與建築工程兩方面都懂，四十年前，曾應聘到麥克鎮來度過一個夏天，協助科學家與建商溝通，設計建造實驗室與研究室。

今天參訪，看見當年他住的宿舍、使用的辦公室都還在，只是移作別用了。他注意牆上貼的研究項目表，想起那個夏天全工作站三百六十個研究項目，他每一個都曾協助參與過，有整體全面的了解，因此特別開懷。

小屋岬

陰神山在後面冒著煙

他舉了兩個例子，地質學與天文物理學。因為只有南極洲處於原始狀態 Zero Ground，整個地球的歷史可以在它的冰層下找到；而外太空來的隕石，在這裡暴露於表面，未受文明干擾，更方便研究地球與其他星球的關係。

這是美國視野、美國胸襟、美國對自己的看法：全球在我囊中。

扁舟岬牧野風光

十八日下午，我們二度登陸香腸點，目的地是麥克默多峽灣西面的紐西蘭科學研究站：史考特基地。基地派人開了小貨卡來接。後車箱兩排長椅，擠上八個人，與前座之間隔著鐵絲網，好像運狗車。

這回換紐西蘭和英國隊友開心了。英國來的瑪麗問開車的年輕人，羅斯島歸紐西蘭管理，這輛車是紐西蘭車，駕駛座在右邊，是否應遵循紐西蘭規矩，靠左行駛？年輕人作懊惱狀，搖頭道：「不行喔，這裡照美國規矩，我們得學著靠右走。」

運狗車穿過麥克鎮，在碎石路上顛簸了三公里，到了小屋岬半島的另一邊。二十世紀初，史考特「發現號」探險隊在這個尖岬放了一艘挪威扁舟（pram，平底船）備用，故名「扁舟岬」。現在，這裡豎立起一組檸檬綠的房子。年輕人告訴我們，這叫作「紐西蘭綠」，紐西蘭在南極洲所有的建築都漆成這顏色。

史考特基地比麥克默多站有人性得多。美國人一定也這麼覺得，孤星旅遊書形容它「牧野風光」。

可別被誤導，以為會看到草地或牛羊。其實這講的是氣氛：寬敞、輕鬆、悠閒。主要建築內的餐廳、客廳都給人舒適溫馨的印象，不像麥克鎮那樣匆忙、公事公辦。雖然都

史考特基地後面即機場

講英語，紐西蘭人可絕對不是美國人，在這裡看出明顯差異。

當然，美國人的壓力大嘛。麥克鎮的氣象中心提供氣象資料給全南極各研究站，「麥克作業」Mac Ops 是「南極洲之聲」廣播站，也是全南極洲的緊急聯絡中心。在這塊大陸上任何人在任何地方出了差錯，都是跟「麥克作業」聯繫，因為只有美國人有足夠的人力、車輛與設備去營救。

紐西蘭人就不必啦，夏天也許人數上九十，冬天只有十人左右，離麥克鎮又只有三公里，有事大哥出頭，連娛樂活動都可以去美國人那邊湊個熱鬧，人家說了隨時歡迎。可是美國人要來史考特基地參加派對？請柬拿出來看看。

也許因為人少、集中，所有需要去的地方都以地道相通，不必穿脫厚重外衣，在寒風中奔走。光這點就讓人輕鬆很多，戶外也沒見到礙眼的橫七豎八黑色電線。不敢說比較有品味，但整個環境，跟麥克鎮相比確實是——嗯，牧野風光。

每扇窗——幾乎每扇窗，外面都是雪山雪原，因為基地緊靠著機場，外面是冰棚積雪鋪成的天然跑道。跑道上一坨一坨黑色的，是隨意躺臥、難以驅離的海豹。遠遠的山稜線上停著一排飛機和貨櫃車。貨櫃車不是要運貨，而是代用機場設施，例如塔台和咖啡店等。

羅斯島上兩座火山，不冒煙的取名恐怖山，長年冒煙的則是陰神山。名字取自羅斯上校一八四一年探南極時率領的兩艘軍艦之名：「恐怖號」Terror 和「陰神號」Erebus。Erebus 或譯艾爾帕斯、埃里伯斯等，是希臘神話中的黃泉路之神、陰界之神，故我意譯之為陰神。

從史考特基地看，跑道的左手邊是完美錐形的休火山恐怖山和活火山陰神山；正對

麥克站的標誌牌也逃不了電線破壞畫面

面是由冰棚連接起來，彷彿與羅斯島同屬一片陸地的黑島、白島；右手邊，隔著麥克默多峽灣，是崢嶸的西方山脈。這些是當年每個英國探險隊員天天見到的「老朋友」，《世界最險惡之旅》的讀者耳熟能詳的地標。

如今，冰棚上的這片雪坡是威廉斯機場，羅斯島三座機場之一，飛機起降時不是用輪子，而是用滑雪板滑行。美國和紐西蘭兩個基地共用，夏天裡，每天都有飛機從基督城飛來，然後飛回基督城。是的，所有飛機都來自基督城、去到基督城。是軍用運輸機，不是民航機，絕大多數是美國軍機。

不過，早上我們在船舷邊等待登艇時，剛好一架飛機從羅斯島飛來，飛越我們上空。有幾位隊友拍到照片，是紐西蘭皇家空軍的飛機！起飛地點就是威廉斯機場。

將近四十年前，紐西蘭航空公司曾經經營一條觀光路線，從奧克蘭飛到麥克默多，當日往返，編號九〇一航班。才飛航兩年，一九七九年十一月，一架班機因電腦輸入的路線數據錯誤，偏離航線，撞毀在陰神山頭，觀光民航機從此停飛。這架 DC-10 的飛機殘骸，至今散布在山坡上。

這是紐西蘭歷史上最大的非戰爭災害。調查報告、法院裁決、證人證詞，三十多年來不時出現在媒體上，五十歲以上的紐西蘭人想忘也忘不掉。

我們在船舷邊議論。有隊友說，就算數據不對，陰神山那麼高大，駕駛員怎麼可能沒看見，就撞上去？紐西蘭隊友答覆說，在某種天氣狀況下，白雲與陰神山吐出的白煙混成一氣；或是地面上的白雪反映陽光，產生幻象，駕駛員在撞毀前描述他們的所在位置完全不是事實。他們以為眼前白茫茫的一片是羅斯冰棚，沒想到是那座陰神之山。二百五十七人喪生。

紐西蘭史考特基地的毛利風格招牌

14．想著史考特！

發現號木屋

二月十九日，清晨氣溫零下二十二度。風勢比昨天大。

船仍在峽灣中漂泊。清早我上船橋去拍照，俄國大副尼可萊指著螢幕告訴我：「這是船，四周許多顏色鮮豔的點代表船漂移的紀錄。」

上午參觀「發現號」總部木屋，一九〇二年史考特第一次南來所建。一九〇八年沙克爾頓「獵人號」、一九一一年史考特「新地號」，以及一九一五年沙克爾頓「堅忍號」探險隊都曾用來歇腳避難。裡面原本留下許多存糧、用具，但絕大多數都被近年來的遊客順手牽羊去了。

九點鐘起，分成五組，間隔二十分鐘，先後出發。間隔的原因是，確保小屋區域內同一時間不會超過四十人停留。登陸的地點與昨日同：香腸點。

我上下身都穿三層，外加隊上發的厚外套。內外兩層手套，脖子上套脖圍，拉高到遮住口鼻；頭戴軟呢帽，拉下罩住前額和耳朵。再戴上嚴密反光滑雪鏡，整個臉完全防護，隊友看到了說：「你是誰？」

「是忍者！」茱蒂擺一個弓箭步，代我回答。

我則學「星際大戰」裡的黑武士，壓低嗓門一個字一個字地說：「我－是－你－父－親。」I－am－your－Fa－ther.

所有的人都笑了。一位男隊友拍著胸脯說：「嚇人！」

發現號小屋有三面迴廊
適合澳洲的夏天

零下二十二度的麥克默多峽灣，只停泊著「院士號」

「發現號」隊員文斯在此坡失足

可是上了小艇，風一吹，便知眼睛兩側的雪鏡皮帶是弱點。寒風從那裡入侵，竟吹得眼睛痛！我不得不空出一隻手，遮護向風的那一邊眼睛。

「香腸點」一夕不見如隔三秋，結滿了冰。上岸後右轉是麥克鎮，左轉爬上緩坡，就來到木屋前，兩者相去僅三百公尺。照例擦洗鞋底，給紐西蘭代表檢查後進屋，每次只准八人在屋內。

這小屋當年並沒有真的作為發現號探險隊的總部，因為屋子在澳洲設計打造，根本不適合南極洲使用。三面遊廊圍繞，若是在澳洲，夏天坐著看夕陽挺好。牆壁僅由兩層木板夾一層毛氈構成，縫隙很多，防風保暖效能不佳，燃料都浪費了。大隊人馬決定留駐在船上，只把小屋當作儲藏或緊急避難之所。

小屋大門向風，暴風雪一來，大門積雪嚴重，出入困難。幾年後沙克爾頓「獵人號」隊員重訪小屋，看見大門被風吹開，屋裡屋外積滿了雪，把門堵死。他們從屋後背風面撬開一扇窗戶爬進爬出。

沙克爾頓的「獵人號」總部設在小屋岬北邊四十公里的洛伊茲角，他拿發現號小屋當轉運站，春天運來大批物資，再轉運到前往南極的路上。可是運去的存糧太少了，一九〇九年初，四個人在南緯八十八度二十三分處不得不回頭，每天只吃半量食物，用最快速度衝回小屋岬。時間與我們此刻差不多，海水如我們所見，迅速結起冰來，停留在小屋岬外的「獵人號」等他們不及，正要開走。險險趕上，差一點餓死累死。

一進門左邊一間小室，不知哪隊遺留的兩隻企鵝已成殘破木乃伊，吊掛牆上。主屋內，靠牆擺放一具海豹遺骨與凍結成石狀的海豹油脂。別處堆放一些木箱，其中有些是倫敦製造的「南極探險專用狗餅乾」。這狗餅乾，書上說，狗吃了拉肚子，可能在船

史考特（右一）率領五人小組抵達南極點，回程中全數喪生

上受到汙染。

由於從無人真的住在屋裡，沒有一般木屋必備的雙層床，只有一張拼湊而成的木板通舖，床上方一根吊繩，晾著衣褲，旁邊鍋灶仍存。玻璃窗透進微弱的天光，想見當年的淒寒艱苦。洛德尼要我們一路上「想著史考特！」此情此景，焉能不想著他？

轉到屋旁，向西走小徑登上七十五公尺外的小丘，大十字架豎立山頂，是文斯的十字架 Vince's Cross。

一九〇一年，二十一歲的海軍士兵喬治・文斯追隨史考特，來到羅斯島。次年三月，他與八位隊友出任務，回程遭遇暴風雪。他們著了慌，沒有等候風雪停止，強行尋路要返船，他不幸滑落冰坡，落入冰凍的羅斯海。屍體從未尋獲，十字架只是個紀念。他穿的是毛皮靴子，沒有抓力，毫不防滑。想想連我的 Skarpa 登山鞋，在晴朗的白晝，都抓不牢南極洲的險坡啊。

觀察山上的十字架

吃過午飯，十位勇敢的隊員，包括敝人我，加上洛德尼等職員四人，再度搭橡皮艇到香腸點，去攀爬小屋岬的小丘：觀察山。

一九一二年十月底，「新地號」探險隊留守隊員拉雪橇上冰棚去尋找史考特一行探極小組的蹤跡。十一月十二日，他們在茫茫冰雪中看到一座帳篷，裡面是史考特、威爾森和鮑爾斯三人凍僵的遺體，以及日記、信件、紀錄等物。他們取出物品，把帳篷拉倒，上面堆置雪塊，就地成墳。一雙滑雪板做成十字架插在雪塊中為記。另兩位隊員歐慈和依凡斯的遺體沒有找到。

觀察山十字架是紀念史考特等五人

麥克鎮前的海面開始凝結

油脂冰

冰片

冰泥

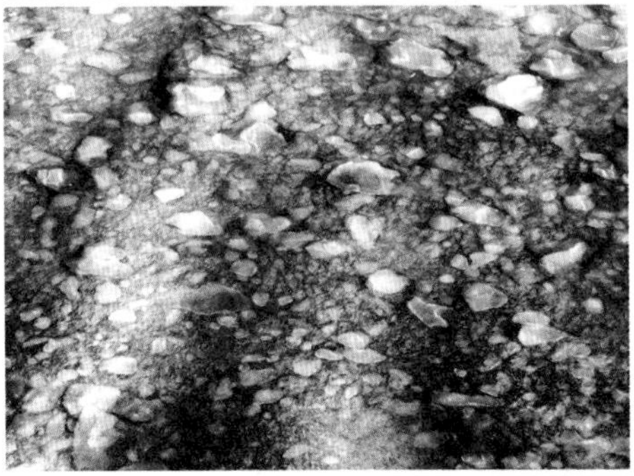

煎餅冰邊緣捲起

次年一月，「新地號」從紐西蘭返回埃文斯角，載運探險隊全員撤離南極洲。「船抵達之前，我們已決定在觀察山上豎立一支十字架，紀念探極小組。」薛瑞葛拉德寫道。船到後，木匠拿到材料，立即動手打造。較長的直木板上面刻著五人的名字，底下是年分和銘文。銘文是大家爭論了一陣子才決定的，英國詩人丁尼生 Alfred Tennyson 詩作《尤利希斯》*Ulysses* 的結尾句：「奮鬥、追求、發現，絕不讓步。」To strive, to seek, to find, and not to yield.

銘文刻好了，兩條木板先不釘攏。大家收拾行李上船，告別埃文斯角。船先到小屋岬，但海冰已凍結，無法靠近。隊員八人，包括薛瑞，在峽灣裡的海冰上卸下雪橇，推著拉著，把兩根長木頭從海冰上運去小屋岬。逆風兼飛雪，非常吃力。部分海冰太薄，兩位隊友先後掉落，幸好很快拉起來。「我們沒有淹死，真是幸運。」薛瑞說。

在小屋內休息一晚，次日清晨扛著木頭上山，挖洞、釘木板，花了六個小時才把十字架豎立起來。

百多年前他們冒生命危險拉雪橇走過的這段路程，今天我們搭橡皮艇，幾分鐘就到了。上岸右轉，繞過麥克鎮，看到美國人的核能電廠紀念碑。美國人竟然在南極洲建了核能電廠！一九六二開始運轉。幸好，只用了十年，到一九七二年，關閉了。拆除工作花了七年，一九七九年用當地石頭堆成碑，紀念南極洲曾經存在的唯一核電廠。

接著開始爬坡了。地質是黑色片麻岩，大大小小的岩片石塊，遍地分布。沒有雪、沒有冰、沒有企鵝。坡度沒阿戴爾角的險峻山大，高度也只有二百三十公尺。明明是比較容易的路程，不知何故參加的人數卻少了一半。

室友茱蒂行動緩慢，當然沒來。但她借我一根登山手杖，走起來比較不滑。爬得有點喘，不過沒有掉隊。爬到頂，山風很大，能立足的地方很小。木頭大十字架聳立。這小丘，在發現號時代，是探險隊日常觀測天象之所，他們在山頂放置了各種儀器，每天都要上來檢查紀錄，所以叫作「觀察山」。十字架所紀念的五人中，有三人曾參加發現號探險，在小屋岬住過三年，薛瑞說：「觀察山顯然是豎十字架的恰當地點，他們都對此地非常熟悉。每次從冰棚上歷劫歸來，都會看見它……。」

山上風景極佳，俯視麥克默多峽灣，淺灰色的初凍之冰漂浮在深藍色的未凍之水上，像極大的整片大理石。「院士號」停泊峽灣中，則像是模型船。錐狀的發現山與連綿的西方山脈排列在峽灣對面，這些都是《世界最險惡之旅》中再三描繪的景色。白雪、冰川與黑巖，從遠方看來仍然森嚴可畏。

我們拍照後立即下山，像一支特遣部隊，一擊便退。回到船上，其他隊友睡覺的睡覺，聊天的聊天，渾然不知我們曾有的感受，也不關心留存在我們心中的影象。他們沒有損失，只是我們或許多得了一點甚麼。

冰的奇觀

二月十九日下午，登觀察山回來之後，船即啟航向北，沿著羅斯島西岸行駛。黑色的峽灣水面霧氣蒸騰，彷彿即將煮沸。兩岸深藍色的群峰頂上浮雲朵朵，則像是神仙居所。

季節已深，近岸的海水開始凝結，像油脂順水流漂浮，這叫油脂冰 grease ice，海水溫度降低到零下一．八度以下，才會形成。海水因為含鹽和雜質，冰點比純淨水低。片片小海冰逐漸形成，脆而薄的是冰皮，厚約一公分的是冰泥、冰漿。大片些的成圓

從觀察山頂俯視峽灣，海如大理石，「院士號」如模型船

船切過浮冰群

峽灣水面，濃霧升起

冰積厚了，成為凝固之海

冰川延伸入海，便是冰川舌

形，因為互相碰撞而邊緣捲起，叫作煎餅冰 pancake ice。船切過它們，把它們向兩邊推擠。它們卻愈來愈密，互相堆疊積壓，慢慢凝固成整片麵糰，顏色有灰有白，有黃有藍。船上專家說，可能是冰中含有某種細菌或藻類之故。船長伊戈說，必須脫離這片凝固之海，以免受困。於是稍稍偏離岸邊，這時就見兩側冰川與小島相連，一條一條的冰川伸出長長的舌頭，叫作「冰川舌」Glacier Tongue。冰雪凝結比融化得快，它就向峽灣中伸展出去，真像一條長舌，也像服裝展示會上的伸展台。冰川舌的前面，軟冰被船推動，起伏如浪。

15·探險家的總部

兩年前的麵包，還在桌上

二月十九日傍晚，來到羅斯島的西端突起，洛伊茲角 Cape Royds 外，「院士號」停車漂泊。洛德尼說，這次的登陸點以往每次來都結了冰，這是第一次能夠使用，他將於二十日凌晨四點上岸查看地形。

我因此一大早注意著動靜。五點，聽到船艙下面匡啷一聲，立刻起床穿衣。七分鐘後，廣播聲響起，洛德尼說，天氣晴朗無風，船橋上景色燦爛已極。我迅速跑上去，只見一位男隊友已在那裡。他說：「陰神山大噴發，像瘋了一樣。你得上瞭望台去拍照。」陰神山不斷吞雲吐霧，而清晨的陽光從它側邊射來，白雪黑岩鋪上金色，清新無比，令人振奮。

五點四十五分簡報。沙克爾頓率領的「獵人號」探險隊總部木屋設立在此。另外，這片岬角是阿德利企鵝最南的孵育地，牠們的繁殖範圍劃為禁區，不得踏入。

為了把握好天氣，我們未吃早餐，空腹出發，六點一刻起分批登艇。想想百年前沙克爾頓和隊友們枵腹行軍千里奔馳，洛德尼說，相信天天吃好料的我們，少吃一頓不至於餓死。

我搭上第一艘小艇，抵達尚無人踏過的雪地，那感覺很奇妙。探險為甚麼這麼吸引人？因為從無人去過。你的每一步都留下第一枚腳印。

紐西蘭代表裴洛小姐先行，去安排刷鞋設備，並且把可能占據小屋入口的企鵝請走。

清晨登陸洛伊茲角

天之涯，海之角

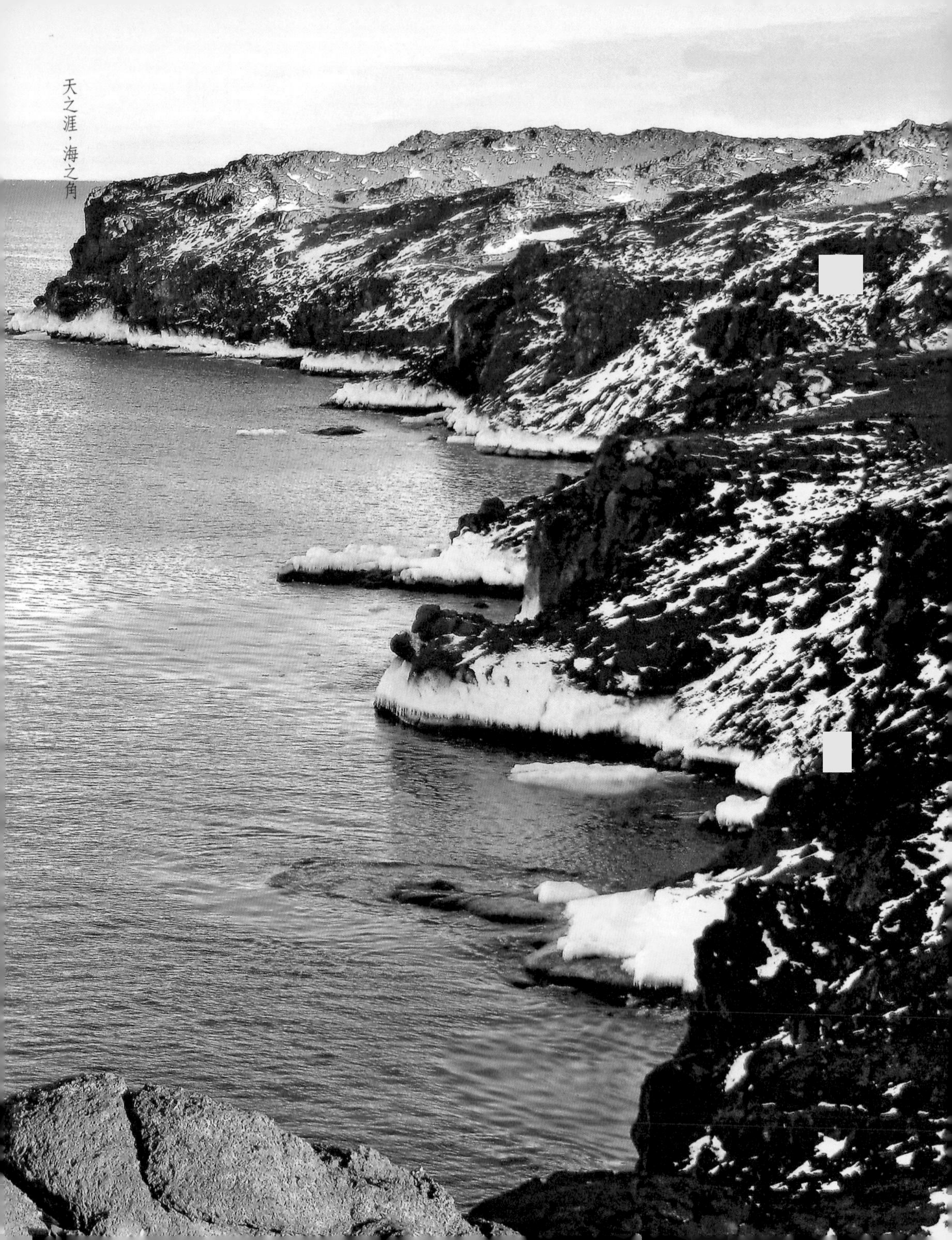

等我們來到小屋，先刷鞋，馬可士檢查了不滿意，親自幫我刷掉靴前和雨褲夾縫的雪。

沙克爾頓原本是史考特「發現號」探險隊的主要成員，與史考特合不來，提早離開了南極洲。他隨即籌劃自己組隊南下。史考特得知，要求他答應不去西經一百七十度以西的地區，尤其不可使用羅斯島為根據地。今天劃定為紐西蘭管轄的「羅斯保護區」，史考特當時就認定是他專屬的地盤。

沙克爾頓勉強同意。他試著在「鯨魚灣」尋找營地，不成。再往東，往無人去過的陸地，好幾天找不到適當地點。海冰迅速凝結，「獵人號」燃料有限不能浪費，他只好不顧諾言，還是往熟悉的羅斯島去。

那年麥克默多峽灣結冰早，一九〇八年一月二十九日，在小屋岬以北四十公里處，船無法往南去了。他們上岸紮營，建立木屋，這就是洛伊茲角。名字是史考特取的，發現號一位軍官的姓。

一九〇九年二月，「獵人號」探險隊離開時，鎖好門，鑰匙釘在門上，屋裡留下一封信，告訴未來旅客，存糧和器具足供十五個人過上一整年，歡迎自行取用。

兩年後，真的有人來了。卻不是外人。昔日隊員，地理學家普利斯特雷，加入了史考特的「新地號」探險隊，重返南極洲。他與另兩人駕雪橇來到洛伊茲角，打開門，看到獵人號木屋完好如初，桌子上放著一塊麵包，他們被呼喚上船時沒來得及吃完，「麵包上齒痕宛然，還是一九〇九年留下的。」

看到所有東西都好好的沒動，他說那種感覺詭異極了：「我覺得大家好像只是到附近山頭散個步，馬上就會從門口一哄而入。」

麵包，我們當然沒看到。但各種食品、用具俱在，爐灶完好，上面擺著平底煎鍋和漂亮瓷壺，想必仍然好用。屋外，沿牆排列著木箱和麻袋，還有狗屋和馬的草料槽。沙克爾頓和三位隊友在距離南極點僅一百八十公里處，毅然決然回頭。事後他對妻子艾蜜莉淡淡地說：「活著的驢子總比死掉的獅子好，是吧？」艾蜜莉回答：「沒錯親愛的，在我看的確如此。」

接受或不接受命令？

二月二十日，上午十點半從洛伊茲角回船，吃早午餐。船則起錨，回頭往南行駛，約一小時便抵達此行最重要的地點：埃文斯角。

為何如此安排時程，顛倒南北？因為埃文斯角是比洛伊茲角更重要的史蹟，要留最多的時間給我們。一九一一～一三年史考特第二次南極探險的「新地號」總部木屋在這裡。史考特與同伴的喪命之旅從這裡出發，《世界最險惡之旅》所描述的主要故事場景在此。木屋以探險隊使用的船隻得名：「新地號木屋」。

「埃文斯角」這名字則是史考特為獎勵他的副手埃文斯上尉而取的。上尉原本要籌組自己的探險隊來南極，史考特說服他放棄，募到的資金轉移給史考特，讓他當副手，答應以他為最後一程的終極四人小組成員。也就是說，他將能與史考特一起去到南極點，共享「攻略南極」的榮耀，在探險史上留名。

在從新地號木屋往南極點的路上，大隊人馬攜帶糧草護送同行，狗隊、馬隊拉雪橇，人踏滑雪板協助。逐漸，馬過勞飢寒，一匹一匹槍殺，作為狗糧、人糧了。表現良好的狗隊也陣亡不少，存活的狗，在要攀登上貝德摩冰川 Beardmore Glazier 之前，奉史考特之命保存實力，返回總部待命。

英國隊總部建在羅斯島埃文斯角

史考特不信任狗。他多次說，最靠得住的南極旅行方法就是人力拉雪橇，英國人，尤其英國海軍，認為這是鍛鍊軍人體魄、彰顯帝國精神的光榮傳統，但阿蒙森批評這是「世界上最不人道的做法」。

隊員分批遣返，到冰川底下時，只剩下八個人，兩輛雪橇。四人一組，腳踏滑雪板，像阿蒙森的狗隊一樣，扇形分布在前，肩背穿戴帆布韁繩，死命拉著雪橇。史考特率第一輛雪橇領頭，埃文斯率領第二組。

他與組員極為盡責努力，每個人都希望獲選為終極四人小組成員。沒想到史考特嫌他們跑得太快，超越前車，顯然承重較輕，命令他們拋下滑雪板，只穿帶釘子的雪鞋拉車。組員問官階最高的埃文斯「怎麼辦」，埃文斯咬牙回答：「我們步行！」《最後之土》影集對此有精彩描繪。

史考特最終仍決定剔除埃文斯，以他自己那輛雪橇的四人為終極小組。埃文斯強烈抗議：「我做錯了甚麼？你答應過的！」

史考特回答：「我沒答應過任何事。我只要你告訴我，你身為軍人，接受或不接受命令？」

埃文斯黯然受命。這時史考特說，還要請他同意，讓他那組的鮑爾斯 Bowers 少尉加入終極小組，也就是，終極小組不是計畫中的四人，變成五人小組。

埃文斯說：「那我們就只剩下三人，怎麼拉車？」他們雪橇上負載的是回程需用的糧食油料帳篷用具等物。

鮑爾斯在最後一程獲史考特青眼，加入終極小組，從埃文斯小組中調過去，卻因埃文斯小組先前奉命拋棄滑雪板，他只得徒步拉雪橇，拚命追趕其他踩滑雪板的組員。

挪威隊總部則建在羅斯冰棚上

白雪黑巖的寂寞世界

沙克爾頓的獵人號木屋

屋中的爐灶完好，煎鍋與瓷壺俱在

獵人號木屋，隔著窗戶往外望

他是倉儲總管，終極小組所有帳篷及食物、油料配備都是他精心計算裝載，決無短少，卻由於他自己臨時奉命加入，四人帳篷必須擠下五人，四人食物必須分給五個人吃，晚間烹煮食物必須花費更長的時間，更多的油料。

埃文斯在回程中患了嚴重雪盲，後來更得了壞血病，不能拉車，反而躺在雪橇上讓兩位士官隊友拉回。二月十九日，在距離小屋岬五十六公里處，兩位隊友實在拉不動了，其中一位留著看守他，另一位冒著風雪跋涉十八小時，到了發現號小屋。

非常僥倖，隨隊醫官艾金森和助手率領狗隊剛好在發現號小屋休息，準備等風雪過後去冰棚上迎接史考特等人。他改變計畫，駕狗雪橇出來找到埃文斯，帶回小屋診治。

正在這時，「新地號」艦來到小屋岬，埃文斯被抬上船去養病。天氣轉冷，海水開始結冰，正如我們親眼看到的那樣。「新地號」怕被冰凍住，不能在麥克默多峽灣等待，要返航紐西蘭度冬。埃文斯以虛弱病體隨船而去，離開這以他的名字命名的傷心之地。

百年後回首，命運非常諷刺。從他回程的身體狀況看來，史考特剔除埃文斯是對的。埃文斯當年沒有入選終極小組，因此逃過一劫，活著回到文明世界。他在病床上與死神搏鬥，身為醫官的艾金森為了救他，改變預定行程，是史考特一行凍餓而亡的原因之一。

他的個性開朗樂觀，史考特在日記中形容他「有孩子氣的熱情」，認為他成不了大事，不能擔任探險隊長。他對史考特並不記仇。在紐西蘭養好病，繼續為探險隊奔走籌措經費，得到英國國王賞識，擢升為海軍中校。

一九一三年一月，他又以「新地號」艦長身分，滿載補給品回到埃文斯角，接探險隊回紐西蘭。得知終極小組全員喪生，極為哀痛。立即繼任為探險隊長，指揮率領全隊拔

史考特的床

營返航。

他後來在兩次世界大戰中立功，升任海軍上將，受封為男爵，並出任工黨上議院議員。

人物與故事盤旋不去

一九一一年，「新地號」來到羅斯島的時候，與我們今天的情況一樣，海冰融解，直達卵石灘。停泊的地點，可能與我們「院士號」差不太多。我們搭小艇，就在木屋正前方登陸。陰神山在左方高高聳立，白雪覆蓋的山頭冒著淡淡黃煙。

木屋外頭一排窄小木房，是廁所。「新地號」探險隊階級分明，這廁所就分成軍官用和士兵用兩邊。想來不過就是挖了個坑。

刷鞋進主屋，一進門，玄關的角落豎立著許多滑雪板和幾根滑雪杖，彷彿等待著隨時再出發。左邊沙石鋪地，通往馬廄。史考特帶來的「不中用的」西伯利亞馬安置在此。最後一間馬廄的地上躺著一具狗的遺骸，牠的脖子上繫著皮帶，連著鐵鍊，鐵鍊勾在木柱上。牠是一條哈士奇，不屬於「新地號」，而是沙克爾頓部下的雪橇狗。

沙克爾頓一九一四年三探南極，分南北兩隊，分進合擊，要貫穿整個大陸。南隊受困於埃文斯角，在這小屋裡住了兩年，一九一七年才獲救離去。這狗原本繫在馬廄外面的牆邊，是怎麼被遺忘或遺棄，已不可考。紐西蘭古蹟維護單位近幾年才把牠的遺骨搬遷到馬廄裡。

回到玄關，再進一道門，中央是走道，左邊是士兵寢區，靠牆擺放三張木板雙層床，睡袋、毯子鋪在床上，床頭牆和床尾板上貼著家人照片。靠走道擺了一張六人座的木餐桌。右邊是廚房，鍋壺爐灶一應俱全，油鹽醬醋等烹調用品排列在板架上。還有一隻

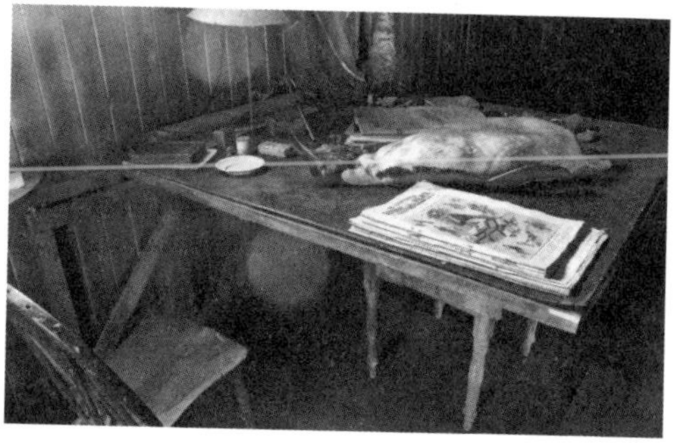

史考特的辦公桌

新地號木屋的士兵餐桌

科學家的書桌就是實驗室

軍官鋪位

廚房

木屋窗外，魂牽夢縈的世界盡頭

新地號木屋。右方就是廁所

鐵熨斗，也許伙夫兵要幫軍官們洗燙衣服？

裝食物油品的木板箱排列堆高，作為士兵區與軍官區的隔牆。只有高掛在天花板上的雪橇打破階級、貫穿兩區。這一切安排，都出自思慮細密、體力過人的鮑爾斯少尉的籌劃監督。

軍官區內，依舊是靠牆擺放雙層床，靠走道是木餐桌。不過這張餐桌長得多，那一端的主位當然是史考特的座位，他背後是暖氣爐。隨隊攝影師龐定拍了很多好照片，其中很有名的一張就是一九一一年冬天，眾官兵齊聚桌旁，為史考特慶生。壽星笑得很開懷。

如今桌上還放著茶壺、茶爐和點心盤等。我正在桌旁流連，隊友伊凡出現，要我幫他拍照。他拉開椅子，坐在史考特的位子上裝模作樣。他的相機開了閃光燈，在黑暗的屋子裡，我從桌子這頭拍，燈光打不到那麼遠。我拍了兩張，他不滿意。

我不是龐定，他可也不是史考特。這位先生是平民百姓，在紐西蘭皇后鎮出租房子給觀光客。如此僭越，史考特的鬼魂若在此，恐怕要掐他脖子。

大餐桌的右邊是科學家舖位，床頭掛著帶釘的雪鞋，床邊板架上放了幾本書。隨隊科學家多半並非軍人，但視同軍官。他們的床前即實驗室，桌上擺著瓶子管子酒精燈。

最裡面中央是暗房和攝影家龐定的床。暗房左側並排兩張單人床，是埃文斯與威爾森的舖位。威爾森是海軍中校、內科醫師兼生物學家、畫家，史考特最信任的朋友，他床邊板架上擺的全是藥品。埃文斯的床邊甚麼也沒有，想來他因病先返航，隊友幫他把東西收拾得乾乾淨淨。

這兩張床的前面是史考特的辦公桌，桌上最醒目的是一隻企鵝標本，或者說是百年前

賊鷗先生氣勢洶洶，向我衝過來

賊鷗太太看見我，大聲示警

未成年的皇帝企鵝

阿德利企鵝對我表示好奇

的死企鵝。另外有一盞檯燈、一本聖經和一疊報紙。桌子後面，三面木板間隔出最隱密的空間，是史考特的鋪位。三面木板牆的板架上，卻只零零落落放了些雜物。應該不是原貌，很多東西被人拿去當紀念品了。

那些人物，那些故事，都好像在屋中盤旋不去。通往馬廄的過道上有一扇玻璃窗，窗上裂了人字形的縫，望出去是落了雪的礫石沙灘，蔚藍的羅斯海，以及遠處西方山脈的連綿群峰。

魂牽夢縈的世界盡頭。

雪地印痕

埃文斯角，在我們的這趟旅程中，可稱為肚臍眼。我們知道這是關鍵，是核心，離開它之後，剩下便是漫長的歸途。

在南極探險史上，這地方也是高潮點、轉折點、終結點。

沙克爾頓一九一四年組成的「縱貫南極洲」探險隊，從羅斯海和威德爾海兩面，分頭向南極點進發，南北兩隊都不利。他自己親率威德爾海小組，幾度險些全軍覆沒；而羅斯海小組十人中，三人喪生，其餘隊友在埃文斯角為他們立十字架紀念。七位生還者在一九一七年獲救返回英國之後，探險史上的英雄時代隨之結束了。

從新地號小屋出來，我在岬角四處漫步。陰神山下的雪地上，有海豹曬太陽。這是威德爾海豹 Weddell Seal，長得很可愛，我撞見一隻幼豹，天真無邪的眼神，對著我溜溜轉。又在無人經過的雪地上發現海豹拖拉而過的身形，左一蹼、右一蹼，有頭有尾，整個印在純淨的白雪上，驚人的美。

雪地上也到處都是阿德利企鵝腳印，但是我來到一塊處女雪地，兩排企鵝腳印清晰深刻又無任何雜痕，美得令人感動。茱蒂看到照片，凝視了半晌，說：「我知道這腳印是凹陷的，我一直告訴自己這是凹陷，可是它們看起來明明是浮凸的……。」海豹的印痕也是如此。

越過山丘，岬角的南面有壯觀的海冰海景，隔著一道狹灣，便是陰神山上流淌下來、遠遠伸出海中的陰神冰川舌。

我沿著海岸高處走，無意間來到賊鷗的棲息地。賊鷗太太看我接近，大聲呼叫，賊鷗先生便火速低空飛來，要轟炸我。我趕緊按下快門，然後蹲下閃避。如此再三，我拍到幾張近影，但軟呢帽上也落下鳥糞——賊鷗先生轟炸還蠻準的。

百年前，同樣在冰雪、賊鷗、海豹與企鵝的環繞下，有人從這裡出發，去追尋夢想；有人在這裡留守，一天比一天焦急悲痛；有人受困於此等候救援，從永晝等到永夜，再等到永晝。一九一二年冬天，在極地長夜的沮喪煎熬中，「新地號」留守隊員在木屋中準備春來後，出發去搜尋終極小組的蹤跡。那個冬天「少有幾日沒有暴風雪，」薛瑞葛拉德寫道：「但在晴朗的日子，星光特別燦爛美麗。」

想想看，在那樣的環境和心情下，他仍然珍惜欣賞天地之美。

如果你要找伴去極地旅行，薛瑞說，你當然希望這人身體健壯、心志堅強。但是如果這二者不能得兼，他建議：「找心靈強韌的人。他們比較有想像力，而且意志如鐵，當事情惡化時，能戰勝身體的軟弱。」

我想，我們每個人都需要心靈強韌，或者心靈清淨平和。因為，人生的旅行其實恰如極地之旅，艱難險阻隨時都會出現。體力固然重要，心靈的力量則更是支柱。

【第三部 人生風景】

天地充滿創意 萬象莫非詩篇
這些日子來 我一輩子沒有見過 夢想不到的景觀
像月曆一張又一張翻開
也像海上冰山 一座接一座流過
南極之後 仍有風景
正如高潮過後 還有人生
永遠有值得追求的目標
永遠有天堂可以期待

16．南極過後，仍有風景

漫長道別的開始

二月二十一日，大清早上船橋，一位隊友在樓梯上對我喊：「四面都是煎餅呀，快去看！」

果然，放眼望去，煎餅狀的冰片四面八方把船團團圍住。

船停泊在羅斯島北端的伯德角 Cape Bird 外面。

從埃文斯角、洛伊茲角往北行，右邊圓錐型的標準火山就是伯德山。從船上看，山巔藏在雲裡，山腳也埋在——是雲嗎？不，是雪，或是冰？鋪得深深厚厚，是冰川！流淌出海面。

我們登岸，任意漫遊。這條冰川名叫貝殼冰川，因為它的河床結構含有頗多貝殼。它的質感非常奇特，從山上流瀉而下，像是瀑布瞬間急凍住了，湍湍的水流凝結成細緻而永恆的波浪，給人不可思議的時間與空間錯愕之感。賊鷗在冰川上翱翔，這麼脆弱的生命，卻俯視人間，像宇宙的主宰巡遊時間之海。

伯德角是麥克默多峽灣的盡頭，船一離開這裡，便開始北上，要向羅斯島道別了。我和幾位隊友趕緊上船橋去，詹姆斯摸著窗玻璃，喃喃地說：「羅斯島再見，麥克默多再見。」

這是漫長道別的開始。船上的氣氛從興奮與期待轉變成稍許的落寞與徬徨。南極之旅是否高潮已過，像大部分隊友的人生，精彩的事都在回憶裡呢？

貝殼冰川像瀑布瞬間急凍

滿月將沉，朝陽初昇，白色蓮葉冰鋪滿海面

接近子夜的夕陽餘暉

南極圈內夏末的不黑之夜

冰川舌畔的日出奇景

晚霞映在軟冰的海面

西沉的滿月映照在哈列特半島尖端，山與月都如剪紙般不真實

船沿著羅斯海域西岸走，傍晚來到富蘭克林島 Franklin Island。

天氣仍然晴朗無風，夏末的陽光爽脆明亮。晚餐時，洛德尼宣布，今晚八點半，薄暮攻擊，橡皮艇登陸富蘭克林，願者參加。

我再度整裝，首批登陸。遠看此小島盡是雪山黑岩，無懈可擊，還不相信有地方登陸。沒想到小艇開呀開，黑色卵石灘出現，而石灘的後面，更有一眼看不完的廣大雪原。

這島令人感動的是光陰。洛德尼說，他總是安排在傍晚抵達此處。我了解。將暮未暮之際，光影時刻變化；而凹凸不平的雪原是反映光影的最佳背景。我第一班小艇到，便捕捉到早一刻的光陰。它並不比遲一刻好，但它是獨特的，再也沒有的。

我在島上流連，直到十點半，搭最後一班小艇返船。雪山已染成金黃色，但夏末的夕陽沉落得慢，離海平面還有一段。

廚師康諾決定，這是下海游泳的好時光。他穿著運動短褲，從四層甲板一躍入水。許多人圍觀拍照。有糖尿病的、六十五歲的澳洲人戴夫問水溫幾何，水手告訴他，攝氏零度。他回房換上短褲，也撲通跳下去了。

笑聲、驚呼聲中，攝影機喀擦喀擦。洛德尼、山姆和葛瑞夏駕著小艇在旁等候，一看他浮出水面，馬上把他拉上小艇，包上大毛巾。

我站在艙門口，看見他抖索著攀上甲板。後來問他何以如此勇敢，他說人生總得做幾件傻事，也不枉走這麼一遭。此時此地，正適合做這樣的事。

宇宙間盡是詩篇

船又啟航了，駛向新地灣 Terra Nova Bay，預定清晨五點半抵達。很累了，但我在船橋上等候日落。僅羅斯夫婦與我作伴。十一點四十九分，太陽終於落下西方海平線，但它的餘暉映照在北方的天空與雲朵上，色彩詭異，構圖大膽，如電腦動畫。

天始終未黑。是南極圈內夏末的不黑之夜。

二月二十二日，清晨氣溫攝氏零下十三度。上船橋去看停泊的新地灣，只見右舷又是一座完美的雪火山，是墨爾本山。火山旁一連串崢嶸的山，是深凍山脈 Deep Freeze Range。長條黑雲橫亙天上，海面則有顏色較淺的浮冰成帶，對比如畫。

換到左舷窗邊，看到高高的冰牆就在眼前。這可不是冰棚，而是冰川。船長桌上的海圖及電腦螢幕顯示，我們正通過一條寬約二十公里的大冰川舌。

羅斯太太莎拉抓住我說：「趕快去左後方看，朝陽正在升起。昨晚我們看了夕陽，現在看朝陽！」

我推門出去，朝陽像汽油潑在海面，在冰川後面熊熊燃燒。偏偏朝陽之上重壓著沉沉烏雲，把那如火如荼的金光硬生生扣押在窄窄一條橫線上，襯托出爆炸性的張力。

隨著朝陽逐步上升，烏雲似乎抵擋不住，一分一寸往上退讓，那金光便轟地潑灑成一片。奇妙的是，這時候，雲和海倒顯得更黑，海上縷縷的浮冰更顯得沉靜。

天地充滿創意，萬象莫非詩篇。這些日子來，我一輩子沒有見過、夢想不到的景觀，像月曆一張又一張翻開。也像海上冰山，一座接一座流過。

二月二十三日，氣溫零下十一度，海面是白色煎餅湯，朝陽照射下透著金黃，煎餅片片捲起，果真像是煎到微黃，火候恰好。

大塊大塊平整方正的冰山漂浮。甚麼樣的巨人，用怎樣大得不可思議的巨斧，像刀切豆腐一樣，切得這麼漂亮？

在伯德角外，船被煎餅冰包圍了

墨爾本山仍在左前方。正左方則是一條黑色巨龍，從白色的墨爾本山中迤邐而來，整個身軀突出在海上，只是南側被海冰緊密包裹，像是把黑龍固定在海面上。

下午，海水顯然變冷了。煎餅湯很稠很濃，船切過去，激起的浪花都是冰花，構成很美的圖樣。稍遠處，湯濃稠到結成牛肉濃湯表面那片麵包皮了。

這夜的晚霞美極。沉沉的烏雲壓頂，把霞光壓縮成金黃與橘紅的明亮彩帶。鋪著軟冰的海面反映著烏雲的灰，也染上了彩霞的金紅。而黑色岩石的岬角覆蓋著白雪伸出海上，更增添了畫面的層次。

我目眩神搖，以為再沒有更美的了，然而宇宙的創意無限，詩篇翻過一頁又是一頁。

「現在是五點十一分，」二月二十四日清早，洛德尼的聲音透過擴音器傳來。「我們在哈列特半島 Hallett Peninsula 尖端，船橋上的風景輝煌燦爛，個人認為是最美的……」不待他說完，我火速穿上厚外套，拿起相機，爬上樓梯。

船橋上滿是人，觀景窗外，一輪滿月正在西沉。

山中無歲月，海上不記年。船上無網路、無陰曆，我無法記得，今天是滿月！

雪山的尖端一抹粉紅，朝陽正在升起。雪山與落月之間，從粉藍到淡紫到微黃。雪山底部有黑色的岩石露出，再往下看，是結冰的白色海面。

這可不能叫作煎餅湯了，雖然邊緣還是微微捲起，但是很厚，而且冰塊有桌面大、雙人床大、房間大，互不相連，互相撞擊。倒讓我想起「江南可採蓮，蓮葉何田田」的詩句，不過，這蓮葉是雪白的。

朝陽每升高一吋，月亮便愈淺淡，月下的雪山則粉色擴充。終於整座山都披上粉紅，而海面上，雪白的蓮葉也逐漸變成帶粉的白了。

富蘭克林島的暮色點滴加深，光影時刻變化

本海豹小寐中，請勿擾

換好羽了，在雪地上滑滑看

皇帝企鵝氣勢尊貴

夕陽下的雪地，好眠

右／薄暮登陸富蘭克林島，夕陽把雪地映成金黃

上／浮冰如船，載著企鵝出遊

下／你是誰？我媽媽不在家

船切過剛剛開始結凍的海面，激起質感凝重的浪花

17．高潮過後，仍有人生

永遠有天堂可以期待

薛瑞葛拉德的人生高潮，在他二十郎當歲的時候就過完了。之後的人生要怎麼過呢？在《世界最險惡之旅》中，他標舉了英國詩人白朗寧的詩句：「啊，可是人應該去追求超出他能力所及的目標，不然要天堂何用？」

他所比擬的，不是史考特的喪命之旅，而是在大隊開赴南極點之前的冬天，他自己與威爾森、鮑爾斯三人先出特別任務，在嚴酷冬季摸黑去搜尋皇帝企鵝胚胎的艱苦旅程，那才是他認為的世界最險惡之旅。

威爾森和鮑爾斯都在探極之旅的歸程中喪生冰棚，與史考特同埋於帳篷之中。一九一三年薛瑞獨自帶著他們三人「拚著命，忍受人類所能忍受的最大痛苦，所帶回來的三枚企鵝胚胎卵」，去呈送給倫敦的自然史博物館，卻遭到冷落和侮辱。這位紳士探險家「氣得想要殺人」。

不僅企鵝卵，探險隊取回的各種動物、岩石樣本，博物館和政府也根本沒有興趣，隨便堆放在庫房中。

船上放映一部BBC拍攝的紀實影片，片名就叫《世界最險惡之旅》，講薛瑞南極之後的人生。回到英國時他才二十七歲，從那時起一直到四十多年後過世，他總是在回顧、思索當年種種：要是他怎樣做，是否就能挽回史考特等人的性命？一有聽眾，他就要談起探險過程的得失與苦樂。

他的聽眾都已厭煩，只有在他近半百之年認識的一位女子真誠關切，這位天使名叫安琪拉。娶她為妻之後，他才終於停止了靈魂的漂泊。

看完影片，我再上船橋去，發現我們正在一片安靜的海面上。天色灰暗，海平如桌，卻有優雅如玉石的冰山安坐其上，彷彿案頭清供的古玩。岬角海燕平伸美麗的雙翅，繞船而飛。

南極之後，仍有風景；正如高潮過後，還有人生。每一天都應該珍惜，正如每處的風景都有它獨特的美麗。永遠有值得追求的目標，永遠有天堂可以期待。

年高豈畏人言

二月二十五日，早晨起來，氣溫零度。昨天還是零下五度呢。我去船長辦公桌上看，螢幕顯示位置是南緯六十八度五十分，一夜之間我們北上了兩度半，難怪暖了。

船橋上僅尤文獨坐。他見我來，指點說右舷窗外雲朵有趣。尤文七十多歲，自上船以來，幾乎總是穿著T恤、運動長褲、運動外套，腳踩拖鞋。他削瘦嚴肅，眼神鋒利，我想多數人會覺得他邋遢，或擔心不好相處，但我對他一直有親切感，因為他讓我想起父親晚年家居的模樣。

他對我也素來親善。有一次，我在書吧整理信稿，一抬頭，看見他坐在書吧另一端，斜對角的小桌，靜靜凝視著我。

「我在觀察你，」他見我看他，如此解釋：「我想判斷你對自己寫的東西滿意不滿意。」

「可是我看不出來。」他搖搖頭。

我一笑，闔上電腦，走到他身邊坐下。他告訴我，他也寫書，出了十幾本書。我大驚

方正巨大的冰山，如刀切豆腐

訝，說我以為他是老師。他說他是的，他在雪梨的成人補校教會計，教了幾十年。有出版社覺得他講得很好，請他寫會計學的參考書，這一寫就是十幾年，他都退休了，決定封筆，出版社請了別人繼續寫，卻用他的名字出版，分他版稅。

可見他寫得好啦。那他是會計師囉？他說不是，他學的是農業。「但是我學的農業有一門是農場會計。」

他是蘇格蘭人，二十歲從農校畢業以後，參加英國農耕隊，到英國在非洲的殖民地尚比亞 Zambia 去，教導當地人農業技術。一九六五年尚比亞獨立了，英國農耕隊撤退。他回到英國，找不到合適工作。剛好澳洲在英國招募移民，每個人只要繳十英鎊，就可以搭船到澳洲。他於是來到雪梨。

他孤家寡人，無親無眷，蘇格蘭也只剩一個兄弟還在世。這次出來玩，他與約瑟芬同一艙房。但別的隊友早跟我通風報信過，兩人既非夫妻亦非情侶，只是朋友，搭伴同行而已。我也注意到，兩人各走各的路，出入毫不相干。

約瑟芬看起來也有七十歲了，體型是大號海豹，面容卻維持美麗，一雙眼睛尤其嫵媚。她愛聊天，愛穿花衣服，髮型、化妝都嚴整，聲音柔滑如絲緞。這樣的組合，我嘆為稀有。

宇宙貼近我的心

阿戴爾角的海岸山脈是海軍部嶺 Admiralty Range，崢嶸壯闊。山上或是輕雲繚繞，或是嵐靄蒸騰。山脈直逼海面，海面則浮冰連綿，更有冰山排列其間。那冰山各具姿態，遠看是一個樣，近看時是另一個樣——不，不只，隨著船的移動，每換一個角度，便看到不同的風貌。

而那天空，也隨時變化。晴朗時，冰山淨白，反映海水碧藍；陰霾時，灰雲朵朵，撒下灰亮天光。總是如詩如畫，如夢如幻。造物者要我們見識祂的手段！我在船橋徘徊不忍去。

從這裡，我們告別南極洲。船頭劃破雪白的浮冰群，在船尾留下一條深色的水道。阿戴爾角終於遠去了。南極洲遠去了。不知別人怎樣，但我心中滿是惆悵。可是，也滿是歡喜，滿是對天地、萬物、光陰與生命的感恩與讚嘆。

此行我隨遇而安，並且隨緣盡興，能去的必去，能看的必看。不知何者為因，何者為果，但是一路上，我有一種「受到照顧」的奇妙感覺：我所遇到的，都是最好的；如果不順利，例如某處因天候或海況不能去，那一定有道理，是老天爺用各種方式告訴我，不去的好。

我們隊友很多都有慢性病，但體能與意願並不絕對相關。身體健康、行動俐落的人當然能看到比較多，但真正重要的是幽默的態度、體諒的心。一路上總有人抱怨這、抱怨那，我都笑而不答。凡事一抱怨就不好玩了。永遠欣賞，永遠開心。

在船舷邊，感覺宇宙如此貼近我的心。想著自己何其幸運，承受它以如此的豐盈圓滿，毫不吝惜地向我捧出全部的祝福。

我上書吧去，把相機裡的照片上傳到電腦。鮑伯獨坐一個角落，戴著耳機閉眼聽音樂。他自始至終沒有出去。

可能因為對自己的海豹身材太自覺，對別人的眼神表情太敏感，怕摔跤、怕擋到別人路……。總之我們的任何戶外活動，他從不參加。他也從不登艇、從不上岸，甚至從不

船在厚重的浮冰群間破冰前進

虎鯨從船舷邊游過

坎波冰川自雪山流出，長舌伸入海中

長舌末端斷裂，紋理細緻如絲緞

上船橋觀景。我曾經問他，他說他已經看到很多，很滿意了。

回想起來，他根本沒有相機，不拍照。

戴夫進來，坐在鮑伯斜對面，也在上傳剛拍的照片。鮑伯看到他面帶微笑，問他甚麼事好笑。

「沒甚麼好笑，只是看到我拍的照片，很高興。」

我在另一桌，對著電腦螢幕，也不禁微笑。

可惜鮑伯錯過太多了。

阿戴爾角東岸，礁岩如屏，雪坡似錦，飛鳥如風箏

山水畫境，令人無言

冰雪世界如詩如夢

冰山優雅如玉石

浮冰彷彿水晶玻璃

18．奇幻異境

下巴頦上繫著繩

二月二十六日，船在巴雷尼群島。清晨六點上船橋去，看見幾百公尺外的海上，有形狀奇異的小嶼，黑岩白雪，像巧克力蛋糕上灑著糖霜，是莎布琳納島。

冰山好幾座，有一座像故宮的翠玉白菜，白裡透著青碧，還帶幾抹黃褐；另一座像金色超薄型筆記電腦，扁扁平平、新穎大方。晨曦照射下，這一切都很夢幻。

前方還有浮冰成帶，甲板周遭的圍欄上也凝結了厚厚的冰。可是洛德尼說，氣溫是零上一度，衣物只要能防水，不需要穿太多。

我們將搭橡皮艇去到莎布琳納島邊，觀賞「下巴繩企鵝」Chinstrap Penguin。這種可愛企鵝通常只在靠阿根廷那邊的南極半島孵育，巴雷尼群島是牠在別區唯一的孵育地。牠的體型跟阿德利企鵝差不多，但有一張白色的臉，而且從耳朵到下巴有一條黑線，像帽子的繫繩，因而得名。

分成兩批出發，我是第一批。三艘小艇，每艘八人。我這艘是洛德尼駕駛，領先而行。他一繞過「院士號」，便把小艇直接駛入浮冰帶，但在大小冰塊阻礙下，不得不減速。我因而得以近距離欣賞浮冰帶。因為緯度已經較低，水比較暖，它們跟前兩天看到的蓮葉型浮冰不一樣。是一些大團的新冰，散布在碎小、未完全凝聚的冰雪之上，像海面上的雲朵，與天上的浮雲相映照。烏雲正在聚集，陽光從雲隙間撒落，凝結度不高的海冰便反射著金光。

巧克力蛋糕上灑著糖霜

過了浮冰帶，小艇加速，冰山一座一座過去了，巧克力蛋糕過去了。在最大的一塊巧克力蛋糕前，速度放緩。蛋糕末端，像是有人拿餐刀抹平了一片，成為緩坡，上面撒滿白色糖霜似的雪。

且慢！那雪坡上，星星點點像糕點上的罌粟籽，是甚麼？小艇緩緩推進，啊，是企鵝！牠們在雪地上奔跑，好像聖誕節期間在公園裡打雪仗的兒童。

洛德尼說，有阿德利企鵝，也有下巴繩企鵝。他指點著某處某隻就是下巴繩，我來不及分辨。他把小艇轉過來再向前推送，可是離岸還是有一段。太遠了，沒辦法拍個別照，只好拍團體照。

小艇向右移動，啊，一群企鵝左搖右擺地趕路過來，到小島尖端，縱身入海。大部分是下巴繩，小模樣真可愛。

不知不覺間，下起雪來了。小艇轉到巧克力蛋糕的外緣——不，不是蛋糕，是千層派。岩石像一層一層的薄片鋪疊而成，撒著糖粉似的細雪，還流淌著一掛一掛，透明糖漿似的冰條。

翠玉白菜？

一座單獨的巨岩從海中直指向天。卻不是一根手指形，而比較像是企鵝昂首直立，拉長脖子，舉喙高鳴的剎那，被定住了。一隻灰背信天翁在巨岩尖端盤旋滑翔。奇幻如未來，如想像的異境。

冰山變幻，如人老去

天空仍然飄著細雪。等第二批回來，船又啟動，往巴雷尼群島最北的楊島 Young Island 駛去。從昨天起，冰山一座一座出現，有時候成群出現，像艦隊。前些時我們見到的冰

我們去近探奇幻異境

山多是大方塊，現在則形貌各異。

我在書吧，聽到船底撞擊之聲，知道又進入浮冰帶，於是著大衣、戴手套，上到甲板去。浮冰上又見海豹橫陳，浮冰間又有鯨魚出沒。眾攝影家又端著機關槍，在甲板上架起了。

船正從巴扣島西岸的浮冰帶駛過。這島也是厚雪覆蓋黑巖，刻塑出似抽象又似水墨的大幅壁雕。白雲如雪，低垂直到島邊。蒸騰之氣，讓人幾乎以為是持續不斷的雪崩。浮冰帶和島嶼之間有一條未凍之水，冰山一座一座，卡在水道上，像船隻滯留不去。

一小時後，竟然陷入一望無垠的浮冰中，而且是很厚很稠的浮冰群。安坐船橋或站立甲板上，眼看船破冰而過，感覺好威風。潘蜜拉站在我身旁講話：「風景美極了，從未見過這麼美的景色……。」我過了幾十秒才理解，她是在用攝影機錄影，並且錄下旁白。浮冰真的是特異驚人的風景。

但更驚人美麗的還在前面。

下午我爬上船橋，一開門就見到多座冰山從兩側漂過。遠方的一座，由於烏雲遮日，天光透過雲層，如鑽石雨灑下海面，把它映成深藍、淺藍兩種顏色，形狀像城堡又像教堂，但不是古典型，而是奇幻、科幻、魔幻型，也許可以出現在《魔戒》電影裡。

我趕快出去拍照。別人也發現了，紛紛出來。冰山愈漂愈近，烏雲也移了位，它的形貌、顏色遂不斷改變。漂到船邊，已經完全不是遠看的模樣，但仍然奇特耀眼。

漂過去了，背面也拍過了。大家回船橋。奇怪，船怎麼在轉彎？掉回頭，向南而行了。

洛德尼廣播說：「各位隊友，不行，我們得回羅斯島去，重遊一遍。」眾人大笑鼓掌。

連洛德尼都覺得這座冰山太美、太奇特了，請求船長轉回去，他廣播通告全船，讓沒

南極大陸遠去了

在船橋上的人有機會上來拍照。他說，這是告別巴雷尼群島、離開南極圈的最佳方式。於是大家又把它徹底欣賞了一遍。但我感覺，再看的時候，它已經不是先前那個它了。它是時時刻刻在融化、減少的。些些微微的改變，像人一天一天變老。

上／左搖右擺地趕路過來
中／白臉的是下巴繩企鵝
下／巨岩直指向天，
如企鵝引頸長鳴
左／橡皮艇駛近去欣賞
這塊千層派

白雲低垂如雪崩，岬角海燕飛翔

浮冰連綿，冰山排列其間

魔幻城堡出現

變成一家三口

再變成雪教堂

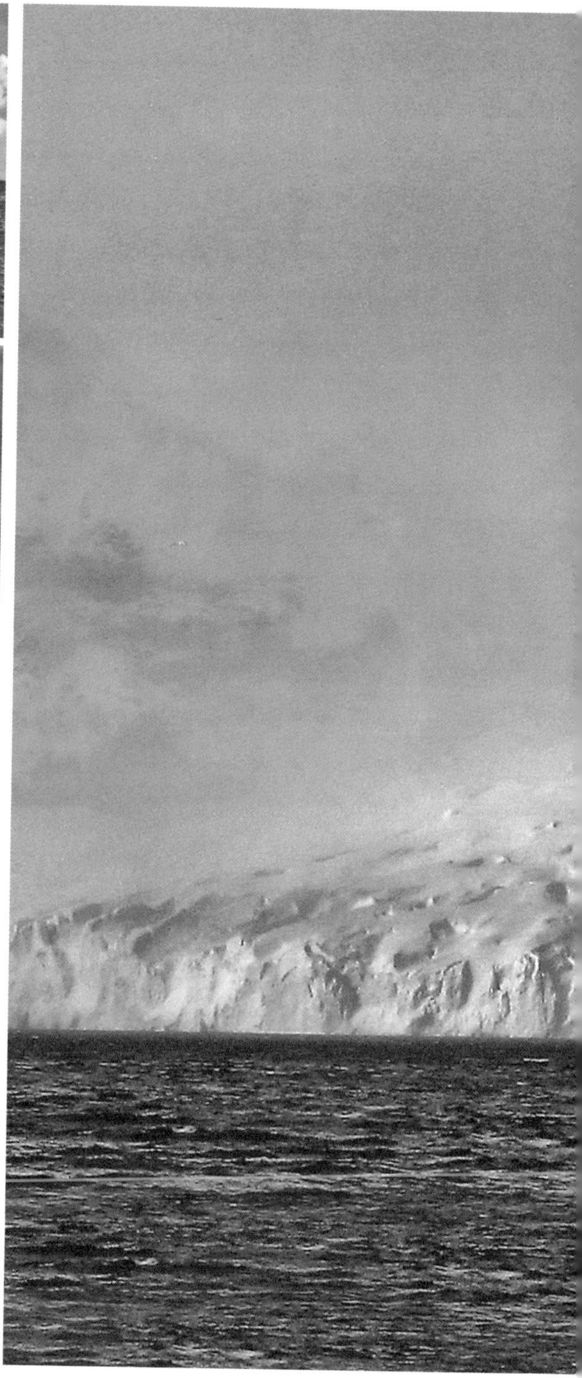

巨幅國畫山水，由厚雪覆蓋黑巖而成

19．曾經滄海

船在洗衣機裡前進

一離開巴雷尼群島，立刻進入洶湧的匯流圈。茫茫的大海上雲霧迷濛，船橋窗玻璃上水滴點點，是噴濺上來的海水，加上飄打的雨雪。

船橋報告，我們處於一個低氣壓的中心，東風強勁，船與風勢成直角相切，因此像是在洗衣機裡面，與漩渦對抗著前進。船員說，如果實在危險，他們可轉變航向，正面迎風行駛，就不會顛動得太厲害。

夜晚，床舖像波浪，在我身下起伏。我只好又去長椅上睡。有些人從上船以來不間斷使用暈船藥，有些人從來不用，完全不暈。我呢，用了幾天，停用了，一直都很好。但到這天傍晚，有點不舒服了，趕快吞了兩顆。

次日清晨出艙房門，怕吵到茱蒂，小心關門，一陣巨浪撲來，砰地把門闔上，把我的手指夾到！我哎喲一聲，眼淚幾乎要噴出。一邊上樓，一邊把受傷的手指夾在雙唇之間按摩。

一位頭髮無多的紳士蹣跚行來，問我怎麼了。我告訴他，門夾到手。他說：「給我看看。」我伸出手，他竟以雙手夾住，緩緩揉搓，如同憐惜小孫女。我相信他是好意，只是看起來有點吃豆腐的味道。

我怕意念傷人，馬上把心放空，手放輕鬆，想像著浮雲飄過天空。另一位老紳士從後面來，站在旁邊圓睜雙眼，看看我又看看他。

無髮紳士放開手，問我覺得怎樣。我保持無心思狀態，微笑說好多了，謝謝。舉步走向書吧，感覺兩對驚疑的目光電炬般齊齊轉來送我。

這天是二月二十七日。早餐約有三分之一隊友缺席，午餐也差不多。

午餐桌上每天總有三樣東西擺著：一盆生菜沙拉，大家分；一盤糕點，作餐後甜品；另外一樣是晚餐的菜單。今天前兩樣都沒有，只有薯條和炸魚作午餐。晚餐的菜單上，通常主菜兩樣選擇，另外有前菜和甜點。今天一看菜單，前菜空白。菲莉帕拿著菜單，誇張地說：「驚！沒有前菜！」

茱蒂跟廚子康諾熟，代表大家發問。康諾很委屈地說，他必須一手抓著桌子，一手切菜、備菜，很困難。吃飯的人減少，他就少做一點。

看書抖動、打字頭暈、聽講無心。我們這些閣客，從早到晚沒事做，就只等三頓飯吃。

這天夜晚風浪更大，我整夜努力不要從長椅上滾下來。清晨四點半左右，動盪得好像所有東西都鬆脫了。我爬起來，想去開燈來看。船一傾斜，不由自主跌落在地，並且直直向門邊滑去，再由門邊滑回來。經過茱蒂身邊時，她正把她的床頭燈打開，問我怎麼了。

我說沒事，叫她繼續睡。是沒事，只是想要抓住床邊、穩住身體的時候，抓不住，右臂內側刮了一道血痕。茱蒂以為我是從長椅上滾下來，想要用床墊幫我做防衛工事，我說不用，沒有用的。她嘀咕著說我很頑固。

我身上傷痕累累，青一塊紫一塊的，都是小傷。隊友們幾乎人人掛彩。

六點，我決定起床，去書吧打電腦。經過醫師診所，赫然見滿地破片，門上通氣扇整個掉落。

荒島的草原上，信天翁的家

這還不說，一踏進書吧門，第一張桌子下歪倒著一雙女用鞋，椅子上胡亂丟了一件紅外套，像是刑案現場。奧克蘭人艾立克正拿了抹布，清理另一張桌子上傾倒的奶茶。我問他發生了甚麼事，他說不知道，跟他沒關係，他只是進來看見一團亂，稍稍清理一下。他把抹布放回櫃檯，想了想，端著杯子走了。

我給自己泡了杯英國早餐茶，把電腦放在我常坐的位置上，再去拿兩塊餅乾。嘩，一陣浪來，熱騰騰的滿杯茶潑了一桌子。桌子上都鋪有防滑墊，通常放茶杯在上面很安全的。我趕快把艾立克剛丟下的抹布拿來擦桌子。

考慮一下，這桌子現在濕了，不好放電腦。換了一張小桌子，想著，剛才可能水裝得太滿，於是再去加一點熱水在杯子裡，只放三分之一滿。回頭去擺電腦，一陣浪來，茶杯又倒了。

好，這茶是不能喝的，難怪艾立克決定走了。我把餅乾吃完，電腦也不打開。上船橋去看到底怎樣。

橋上除船員外沒別人。看看螢幕，我們剛剛越過南緯六十度線，進入五十度憤怒之海。窗外除波濤外，便是雨雪，偶然有信天翁和海燕飛過。

英國人朱莉出現了。問她睡得好嗎，她說一夜沒睡。聽到我滑倒的事，她說：「我都穿著登山鞋睡覺。」

登山鞋比較有抓力，她可以踩住床板，不至於掉下床來。

可是穿著登山鞋能睡覺嗎？

「不能，」她苦笑：「一夜沒睡。」

闖入信天翁的家

經過三天怒海航行，二月二十九日夜晚來到紐西蘭最南的領土，南緯五十三度的坎貝爾島。船駛入很深的港灣，風平浪靜，下了錨，大家總算睡了一個好覺。早晨起來，氣溫零上八度，但是密雲微雨，典型的亞南極群島天氣。

潘蜜拉上周在小艇上滑跤，右手脫臼，醫師給她用紗布吊起來，這幾天在船上行動都由比爾攙扶。比爾自己也不是多俐落，每當他們夫婦在餐廳出現，大家都注意看需不需要幫忙。

早餐後，比爾一手抓扶桿，一手牽著她往門口去，她回頭向我們這桌的隊友說，已經一星期沒抹口紅了，今天早晨要比爾幫她抹，比爾不肯。

大家都笑，唯獨坐我對面的蘇格蘭老人尤文板著臉孔，轉頭對我說：「膚淺！誰管你抹不抹口紅呀？」我望著他笑，既不評斷潘蜜拉，也不對尤文的話表示意見。他看了我幾秒鐘，嘴角終於向上彎起。

但這對浪漫夫妻從此不登艇出任務了。

莎麗出現在書吧，右眼變成熊貓眼。原來那晚摔跤，留下一雙鞋子的是她。眾人忙問候，她卻很開心，拿出手機邀人跟她合照，說要做個紀錄。

約瑟芬也在小艇上滑跤，雖然沒有傷骨，也躺了好幾天。她和莎麗也不再參加上岸活動，而與茱蒂組成女紅班，每天在書吧做針線。

不敢相信，幾位女士真的帶了針線盒、零頭布等用具來。茱蒂在船上給她的新生孫兒做鞋，已經做了好幾雙。莎麗說她沒活計可做，問大家有沒有東西要縫。在美國基地和紐西蘭基地買了紀念臂章的幾位隊友，都配合需求，讓她們給縫在外套上了。戴夫

右／南方皇家信天翁在此育雛

左／牠的羽毛如水墨畫

聽到，點頭說：「愛做家務事的女人，很好。」

我們的兵力一天比一天減少。我覺得許多隊友不見得是體力不足，而多半是意志力欠缺。換言之，他們的「玩心」不大，離了南極，曾經滄海，尚有何處值得登臨？有些人以無奈或不解的眼神看著我，好像在說：人生至此，看得已夠多了，您還這麼帶勁兒幹啥？

薛瑞葛拉德百年前就寫道：「探險是智性熱情的體力表現。」失去好奇心，人才是真的老了。

三月一日，尚有智性熱情的散兵游勇們再度走在無徑的山頭。風勢強勁，矮叢與高草茂生。坡地上忽然出現粉紅色的鳥嘴。是巨大的喙啊，尖端一個鉤子。然後是白色的鳥頭和前胸，黑色的小眼睛定定看著我們。再然後是水墨畫似的，折疊的翼羽和尾羽。是信天翁！而且是這種長翼大鳥中之大者，南方皇家信天翁。三月是牠們孵育季節的尾聲，此處是牠們孵育的島嶼。每年有這麼幾次，人類闖入牠們的家，觀看、議論、拍照，甚至試圖與牠們合照。

隊友加職員十餘人，在一個小灣澳上岸。這是此次旅行第一次「乾登陸」，不須穿雨靴，登山鞋直接踏上木造小碼頭。群山環繞，像一座清幽的湖，海鷗和鸏鳥在湖中戲水，「院士號」在遠遠的湖中央。

剛開始有木板步道，幾分鐘後就進入無徑地帶，盡是矮叢與密林，裡面埋伏著水坑、泥漿、高低落差，很多看不見的陷阱，有一段路真的是一步一步摸索著前進。

坡度沒有前兩次爬的山大，我覺得腳步輕快，緊跟在洛德尼後面。受過女兒登山訓練的我，發現自己還蠻會選擇落足點的。遇水坑泥漿時，兩腳岔開從側邊斜步通過；遇沼澤濕地，也能立即判斷何處可以立足。跟在我後面的澳洲茱莉說，她只要跟著我的腳步前進就好了。

英國朱莉和約翰夫婦，先前一段路也走得很好，後來不知怎麼落後了，朱莉一度腳抽筋，不能走。過後才聽她說，到了叢林地區，四面密林圍繞，她多年未犯的幽閉恐懼症竟然發作，再加上不小心踩進水坑，真想退出，但這地方是只能向前的。

踩進水坑和跌倒的不計其數。律師彼得就在我前面一腳踏進及膝的水中，另一腳不由自主跟著下去。他很快爬出，幸好他按照洛德尼的建議，雨褲的褲腳放在雨靴外面並且束緊，水未及漫入靴中便拔起。他聽到我驚呼，直說沒事沒事，但畢竟年紀大了，此後便顯得蹣跚。後來他說，這大概是他體力的極限。

可是當我們通過障礙，來到高坡上時，風景真壯麗。這座島是火山殘留，好幾座山巔形狀奇特；又曾經覆蓋冰河，東岸盡是峽灣，西岸則是懸崖絕壁。我們從峽灣盡頭的島中央攀登到西岸，遠望斷崖下一層一層的尖岬和小島，知道這一灣深海，幾百萬年前就是火山口。

山頭上，風大得讓人立足不穩，拿相機的手顫動不已。斗膽往下窺看，海水由深至淺，色彩層次分明。而緊貼著深崖下，龐大的海帶幼株像希臘神話裡的蛇髮女妖被砍下的頭，在海中漂浮。裴洛在我身後倒抽一口氣。畫面確實很驚悚。

可以想見，這島是生態樂園。有將近三十種鳥類在這裡孵育，其中很多是稀有、瀕臨絕種的。信天翁就有六種，我們看見的，在矮叢長草間孵育的南方皇家信天翁，只是其中之一。牠們有一張嚴肅的臉，彷彿對我們怒目而視。看到藏在身下的幼雛，覺得牠們是很有理由對我們憤怒的。

海中漂浮著蛇髮女妖的頭顱

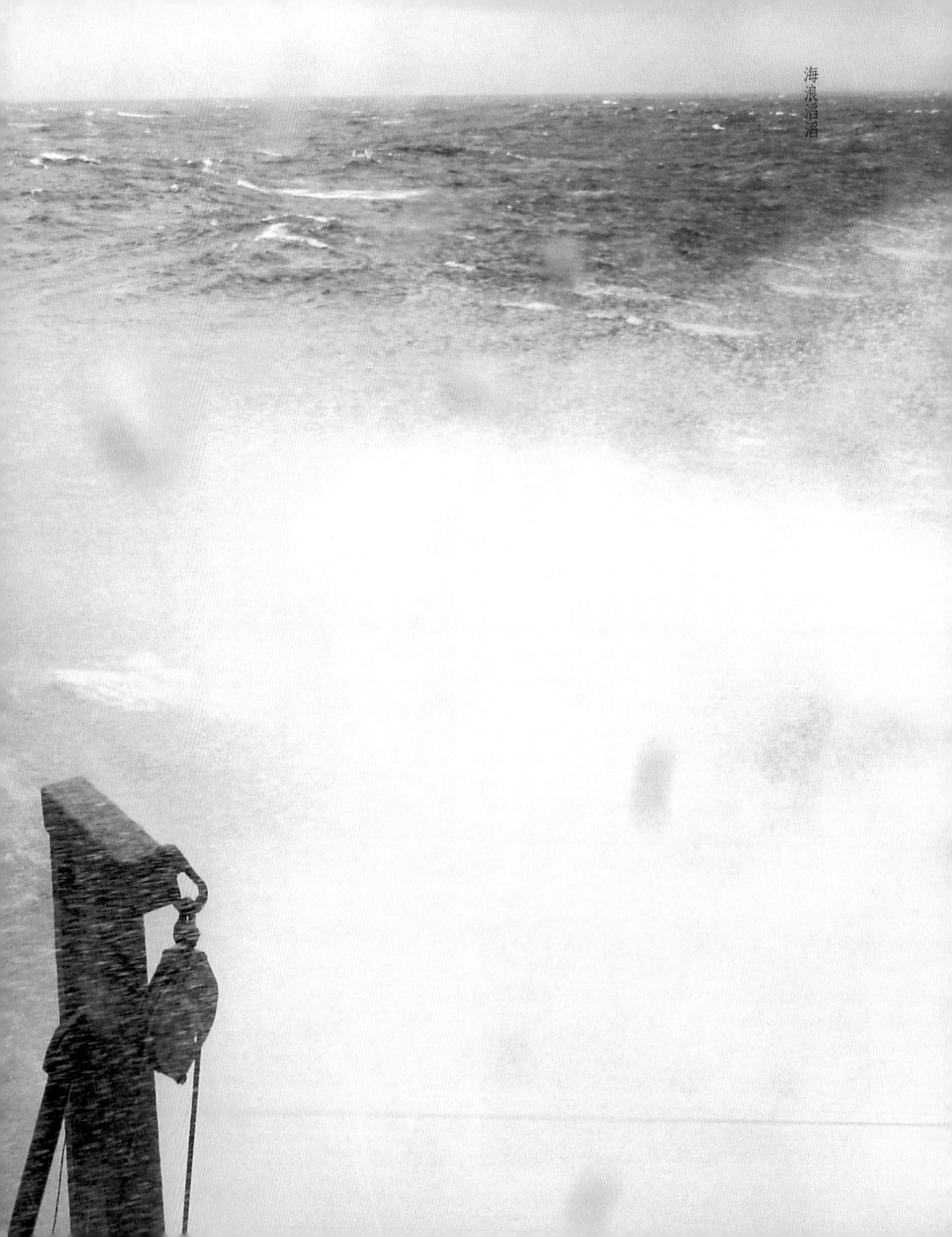
海浪滔滔

20·浪花淘盡英雄

扮裝比賽與即興演出

三月四日，我們登陸奧克蘭島，回船時已是傍晚六點多。布告欄貼有告示，六點半在酒吧聚會，「請穿著或攜帶會讓你想起南極的東西」參加。我本計畫穿著船上買的紀念T恤出場，但此時更想要洗一個澡。等我洗完上得樓去，已經七點五分。

一進書吧，哎呀，我的室友茱蒂全身企鵝扮相，她旁邊的約瑟芬看到我要拍照，馬上拿出一只黑色大垃圾袋往身上套，原來垃圾袋經過處理，露出她的臉，兩側用紙板和黑塑膠袋做成企鵝蹼狀，腳下還包成企鵝腳。

其他人有各種創意，但都沒這兩位大膽。聽說已經宣布茱蒂奪得裝扮冠軍，獎品是一瓶酒。

我到的時候，洛德尼正在唸有獎徵答題，都是選擇題，每桌一組，在一張紙上填寫答案，共是五組。題目差不多都是關於此行我們看過、去過的地方的背景細節，「考驗我們有沒有讀書」，他說。但也有搞笑的，例如「洛德尼緊身防水衣底下穿的是甚麼」。

最後結果，羅斯夫婦所屬的那一組只失一分，當然奪冠。獎品也是酒一瓶。

晚飯後，我又回書吧寫信，卻發現隊友一個接一個也來了。我把電腦收了，問瑪麗，是有甚麼活動嗎。瑪麗說馬上要演戲。

啊，演戲，茱蒂前幾天就告訴我，潘蜜拉在籌畫一齣戲，指定由她演出老祖母一角。昨天我問她排戲排得怎樣，她說沒有排，大導演好像又倒下了，劇本不知寫了沒。沒想到今晚就演出，大約他們晚餐後宣布，我提前離席，沒聽到。

潘蜜拉寫了好幾頁的劇本，大部分由她自己唸稿，她的澳洲腔英文我只聽懂八成，不過劇情根本不重要。比爾當助手，拿一張紙在各桌前晃，紙上寫著：「請鼓掌。」真正算表演的只是一場婚禮。二十六歲安迪演新郎，祖母級貝蒂扮新娘。貝蒂把臉塗得紅紅，睡袍外面披著紗巾當禮服，女儐相莎拉也罩著睡袍。新娘父親詹姆斯非常有創意，下身穿著睡褲，上身卻是西裝襯衫，一腳穿皮鞋，一腳穿雨靴。律師彼得穿著挺帥的大禮服，演主婚人牧師，看稿子致詞。

茱蒂也拿睡衣權充晚禮服，耳邊胸前簪著紅花綠葉，拄著登山杖當拐杖，彎腰駝背，蹣跚地走來走去，告訴每桌的人她是祖母。誰的祖母？我始終沒搞清楚。

另外幾位隊友分別是男儐相和婚禮賓客，可是他們都不知道自己的台詞，甚至不知道自己的角色。澳洲工程師彼得臨場方知他要在牧師問「有沒有人反對」的時候發表抗議談話，正在努力構思，偏偏牧師沒經驗，漏掉這段。反而是莎麗，戴黑色頭套，臉上畫了海豹鬍鬚，從門口哭喊奔入，演出新郎的前情人：威德爾海豹。

不管怎樣，大家都笑得很開心。不是抱著看戲的心情，而是看隊友的機智反應或不機智反應。工程師彼得說，大家都在笑，因為大家都想看看還能有多糟。我稱讚他演得很好，他抱怨說，只要給他一小時，先看過劇本，他會想出很好笑的台詞。

每個演員都別著一朵綠葉紅花，茱蒂告訴我，是她們女紅班做的。我說：

「很漂亮，可是你們哪來的布料？」

「哪是布？用餐巾紙做的呀。」

海上桃花源

且慢，別忙著說再見。洛德尼讓船駛向陷阱群島，看老天爺願不願再給我們一次機會，看看這傳說中的鸌鳥之家，作為南極之行的最後回眸。

三月五日清晨起來，位置是南緯四十八度。船已在陷阱群島邊，但烏雲密布，連島在哪兒都看不見。出發的時間因此推遲了，我又分配到第二批，登舟時已是九點一刻。

小舟在怒海上翻騰。落著小雨，但雲霧忽然上升了些，露出群島全貌。火山岩像積木，一條條斜斜或直直，堆疊成島。信天翁、海鷗與灰鸌在天上飛舞。

到島邊，轉個彎，忽然有洞。驚疑間，小舟已駛入。洞的彼端明亮在前，洞口滴水，洞外是更多的積木岩石，以及長在岩石縫中的植物。幾秒鐘，出了洞。風平浪靜，海天清朗。「桃花源」三個字立刻浮上心頭。

就在這時，駕舟的阿妮雅微笑說：「歡迎來到另一個世界。」

這是一個小嶼環繞而成的靜水區，幾十公尺之外的狂濤與它全然無關，確實是另一個世界。

回頭看那洞口，上面是低矮的斜條岩石，下面是碧藍的海水，黃綠色的大海帶像兩者之間的鑲邊。

鳥呢？我們是來看鳥的，來看幾百萬隻灰鸌飛出巢穴，如烏雲布滿天空，不是嗎？但鳥們準時起床，風雨無阻地出海去覓食，牠們沒有能見度問題，更不等我們分批來訪，此刻早已遠離家園，要到黃昏才回來。剩下沒走的是幼鳥，躲藏在樹下窩中。

唉，果然如此。那我們還跑來幹甚麼呢，可以回船了吧。

可是對面的岩石上，橫一條豎一條，肥嘟嘟躺著的，不是海豹嗎。鼻子尖尖翹翹，老鼠鬍鬚順在唇邊，一雙雙黑眼睛圓溜溜或睡瞇瞇，非常可愛，是紐西蘭毛皮海豹。

阿妮雅微笑著，把小舟轉入另一個小汊，汊底是又一個山洞。馬上有人驚呼：「企鵝！」

山洞上面的山坡上，幾百隻白胸藍背，頭兩邊插著鮮黃羽毛裝飾的，是陷阱群島特有種冠羽企鵝 Snares Crested Penguin。山坡上有小股溪澗流下，眾企鵝低頭喝水，像雞那樣。

嗯，這溝水中想必也有牠們的糞便、血水和腐爛的屍體。我想起在羅斯島登山，洛德尼嘲笑忘記帶水的隊友說：「沒關係，山上的水都可以喝，只不過企鵝把牠們的身體捐獻在裡面罷了。」

再轉到另一個小汊，嘿！幾隻海豹在水裡一邊游泳一邊打鬧，圓滑的身體靈巧得很，根本不管我們三艘小舟來去。

對動物來說，這真的是世外桃源。但是我們不屬於這裡，得走了。

與我同一艘小艇的，有一位家住奧克蘭的蜜雪兒，行囊中攜帶她寫的家族史，自費精印，在船上拿給我和好些隊友看過。書中敘述，一八六四年，她的曾祖父尤爾先生橫越半個地球，從蘇格蘭來到紐西蘭，在我們出發的因沃卡格爾市登岸落腳，起造房屋、娶妻生子，如今尤爾家族散居各國。

我們的小艇出了山洞，重回大海。蜜雪兒忽然朗聲說，一個半世紀前，她曾祖父搭乘的帆船，曾經走陷阱群島路過，自那以後，家族中這是第一次有人重臨此地。

大家都沉默了，彷彿跌入時空交錯的縫隙之中。怒海狂濤，瞬間化作廣邈人生的背景配樂。

入洞後回望

桃花源入口

毛皮海豹睡了

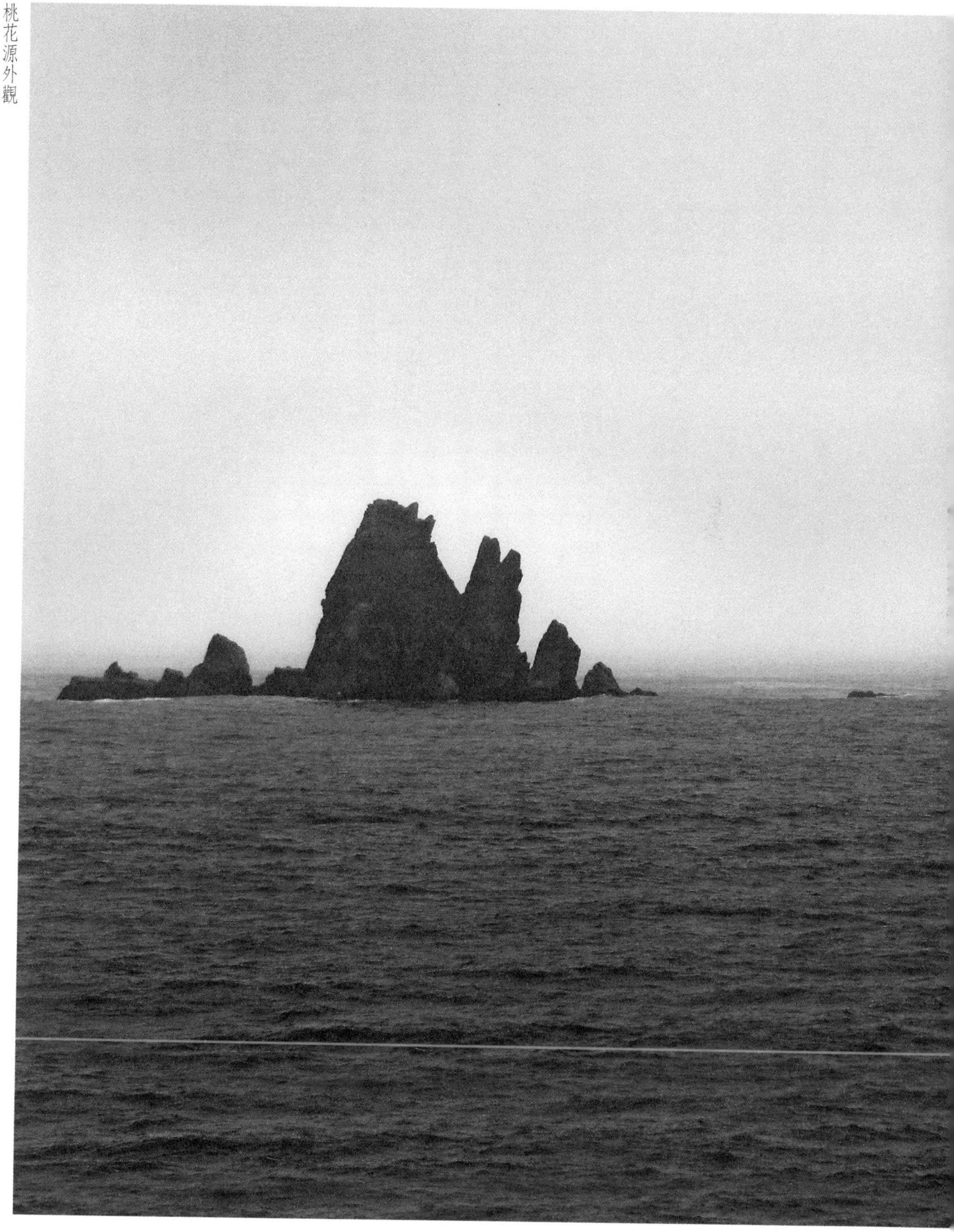

歸返文明

三月六日，船沿著南島東海岸緩緩而行，水波不興，風和日麗。信天翁在船邊的海上成群閒坐。隊友告訴我，這種大鳥身體沉重，靠風力翺翔，紐西蘭近海寧靜，牠們無風可乘，遂懶得飛起，坐在海上裝鴨子。

自從上船以來，大部分男士都蓄起鬍鬚。在羅斯島，某次行動回來，小艇上坐在我對面的男士，鬍鬚上掛著一根一根冰條。我愣了一下才想清楚，是天冷流鼻涕，或是呼出的氣息，凝結成冰。他本人不自覺，所以好笑。

至於為何蓄鬚呢？我也想通了。船搖晃得厲害，刮鬍子容易受傷。不刮鬍子還可以保暖。百年前的探險隊員都不刮鬍子，直到船抵基督城那天才清理門面。

我們的隊友和職員也一樣，這天忙著刮鬍子。果然又成了文明紳士。

洛德尼率領所有隊職員，一一上前道謝，發表感言。洛德尼說，他希望每一位來參加過探險隊的人，都成為南極大使，從此致力於保護南極洲的生態環境。

這時，我忽然懂得了潘蜜拉的劇本。新娘的名字叫「南極洲」，我們每一個人都是那年輕的探險家。我們遇到她、愛上她，把她放在心上，帶回家，承諾終生愛護她、珍惜她。

是的，我願意。

晚間七點半，惜別晚宴。律師彼得又穿起大禮服，素日簡便的尤文也著上襯衫西裝褲皮鞋，打上領帶。我剛好坐在他對面，忙給他拍照，他繃著一張臉。幸好工程師彼得在旁開他玩笑，他終於憋不住，笑了。

詹姆斯坐在我左邊，莎拉坐在他對面。詹姆斯告訴我，他年輕時跑商船，停靠過基隆港幾次。他記得早年台灣退出聯合國以前，中華民國政府積極遊說各國，懇請支持其

信天翁在海上成群閒坐

代表權，他們公司多次收到遊說信。我馬上說，那是一九七一年，我正在台北念大學。詹姆斯拍著額頭說，是的是的，一晃眼快要半個世紀了。

我早已注意到，隊友們對我很熱情，而對朱先生頗冷淡。朱先生英文相當好，舉止溫文，也謹遵西方禮儀，但他像是中國的化身，是西方世界的假想敵，所有環境問題的罪魁禍首——雖然我們一路行來，清楚看到實情並非如此，至少不是這麼簡單。許多隊友把我跟他劃分開來，作為敵友對比。朱先生單獨是一個陣營，所有其他人是另一個陣營。我固然為台灣贏得同情慶幸，但同時我覺得不安。這不公平、不正確，也不厚道。沒有人能如此歸類，沒有人應該受到這等對待。因此後來我多次刻意在吃飯時坐到朱先生旁邊，並且用中文與他交談，不理會同桌人的灼灼目光。

莎拉對我表示友好，曾經說：「我知道，你不是中國人，你是台灣人。」當時我沉吟不語。此時在這最後的晚宴上，我轉頭對詹姆斯說，說我不是中國人，只是說我不是中華人民共和國的國民，但在血統上、文化上、歷史淵源上，我是中國人無誤。

我大言不慚地宣稱：我不僅代表台灣，我代表一個理想的中國，一個有情有義、從容自在的中國。可惜，這樣的認知空間，如今幾乎完全消失了。

這話題太沉重，別人只當奇聞軼事隨便聽聽，卻鬧得我自己有點食不下嚥。不等甜點上來，提早離席。

滿室喧嘩笑語中，我獨自回房靜坐。自以為看破看開，而其實，國族的前途仍是我心中的罣礙。是非成敗轉頭空，浪花淘盡英雄。紅塵種種，剛從世界盡頭回來的我就拋下吧。

推開艙門，我走到寂靜無人的甲板上。四周全然黑暗沉默，僅遠處漁船的燈火發出微光。沒有風，也沒有月。

我們船隻停泊的地點，應該在但尼丁與歐馬陸之間。但尼丁 Dunedin 是紐西蘭最南的大城，歐馬陸 Oamaru 在它北邊約一百公里，是小漁港。一個世紀前，一九一三年的二月二十日凌晨兩點半，「新地號」像一艘幽靈船，偷偷在歐馬陸靠岸，敲開鎮上電報局的門。薛瑞葛拉德敘述：

> 新地號探險隊事先跟新聞界簽了約，為防範洩漏消息，要先拍一通電報到英國，之後的二十四小時必須滯留在海上，這樣也讓遇難者家屬在報紙刊出前先得知親人故世的訊息。
>
> 一艘小艇放下，潘乃爾和艾金森划船上岸。（同行）水手們奉嚴令，不得回答任何問題。過了一會兒小艇回來了，（水手）柯林宣布：「人家來追，但我們甚麼也沒說。」

我們也在海上滯留竟夜，等候預定的進港時刻。三月七日早晨天不亮，我上甲板觀看動靜。快七點，「院士號」才在領航員帶領下進港，海關人員隨後上船檢驗我們的行李。

而在一百零三年前的二月二十一日，

> 黎明時，我們掛起半降白旗，悄悄通過利特爾頓港岬角。我們一路注視樹木、人跡與房屋。與我們啟程南下那天相比，多麼不同，又多麼相似呀。

是的，我也感覺，經歷過荒寒與殘酷、純真與原始，這文明世界，與我們啟程南下那天相比，多麼不同，又多麼相似呀。

就如同我自己，驚嘆過、悵惘過、沉醉過、震撼過，與啟程南下那天相比，彷彿是同一個人，而其實已經改變了。

是甚麼緣故，兩極地區
有一種奇異的吸引力
非常強大，無法抵擋，
讓我們一旦安返家園
馬上忘記精神和身體的疲乏，
又想再去？

——法國南極探險家讓·巴蒂斯特·夏古

Where does this strange attraction for Polar Regions come from, so powerful, so overwhelming, that once safely home, we forget the moral and physical fatigues and feel the urge to go back?

——*Jean-Baptiste Charcot, leader of the French Antarctic Expedition*

後記：我來，我見，我悲憫

我欲無言。

能說出的，都已不是第一真實，而是心與口之間的一種翻譯。

羅馬皇帝凱撒名言：「我來，我見，我征服。」這是戰爭。

法國文豪雨果改之曰：「我來，我見，我活過。」這是人生。

南極去來，我的感想是：「我來，我見，我悲憫。」

南極，世界的盡頭，地球上最偏遠的地方。如此荒涼，如此殘酷，如此壯闊，如此美麗。

那山與水、冰與雪、岩石與冰河，是洪荒的原貌，是地球上唯一可以想像億萬年前景觀之處。

那兒的光有奇特的品質，因為空氣中全無雜質，它映照出一個空靈如幻的古遠世界。

當天氣陰霾的時候，那兒的景物沒有顏色，只有黑白的無數層次。置身其中，像跨入黑白電影。而當陽光出現的時候，視光線的角度，金粉遍灑或海天湛藍，萬年冰山的腳下洞穴碧綠如玉，有如彩色電影剛發明時的著色片。

它又是奇幻異想的國度，簡直不屬於這個地球。我們搭船而至，像太空人去到月球，腰上繫著繩索，小心踏上異星的環境。若沒有母船的支援，我們不可能在那裡存活。雖有母船支援，如果裝備不當，或稍不謹慎，也活不了多久。

它有一種神秘的力量，存在許多人的共同意識之中，存在許多人的夢想之中。

我甚至覺得，它像是人類心靈的皈依之處。若拿佛法來比擬，南極點就是佛弟子所追求的菩提，無上正等正覺；南極洲則是淨土。當你穿越千山萬水狂風巨浪，航抵彼岸，淨土的光芒鋪天蓋地把你籠罩，你屏息不敢逼視。

它卻靜靜凝視著你，與你的真心轟然相照。

你入了它，它入了你。

菩提，在淨土的中央等候。

附錄二：一九一〇～一九一二年「新地號」探險隊主要成員

姓名	職位	軍階或位置	結局
史考特	隊長	英國海軍上校	死於冰棚
威爾森	探險隊科學組長	英國海軍中校，史考特最親近的朋友	死於冰棚
鮑爾斯	新地號瞭望官，探險隊後勤指揮官	英國海軍駐印度陸戰隊上尉	死於冰棚
歐慈	探險隊馬隊主管	英國陸軍騎兵隊上尉隊長	死於冰棚
依凡斯	水手	英國海軍中士，五人探極小組中唯一的士兵	死於貝德摩冰河
埃文斯	新地號執行官	英國海軍上尉，回程時升任海軍中校	史考特死後，繼任為探險隊長，指揮率領全隊拔營返航
坎波	新地號大副	英國海軍上尉	
潘乃爾	新地號導航官	英國海軍上尉，留守船上	
艾金森	軍醫，代理狗隊主管		
普利斯特雷	地質學家		
龐定	攝影家		
薛瑞-葛拉德	助理動物學家		《世界最險惡之旅》作者

附錄二：一九一一～一九一二年南極探險競賽路線圖

人生顧問 0260

夢土南極

在探險家的足跡上 修行

作者．攝影　尹萍
主編　李宜芬
封面．美術設計　霍榮齡 設計工作室
歷史照片　P10 11 86 88 89 138 139 150 163 皆屬公共領域
地圖繪製　邱意惠
責任企劃　張燕宜

董事長　趙政岷
總經理
總編輯　余宜芳
出版者　時報文化出版企業股份有限公司
10803 台北市和平西路三段二四〇號四樓
發行專線　（〇二）二三〇六六八四二
讀者服務專線　〇八〇〇二三一七〇五
（〇二）二三〇四七一〇三
讀者服務傳真　（〇二）二三〇四六八五八
郵撥　一九三四四七二四時報文化出版公司
信箱　台北郵政七九～九九信箱
時報悅讀網　http://www.readingtimes.com.tw
時報出版臉書　http://www.facebook.com/readingtimes.fans
法律顧問　理律法律事務所　陳長文律師、李念祖律師
印刷　詠豐印刷有限公司
出版日期　初版一刷　二〇一七年二月十七日
定價　新台幣三六〇元

ISBN 978-957-13-6906-8（平裝）
Printed in Taiwan

時報文化出版公司成立於一九七五年
並於一九九九年股票上櫃公開發行，於二〇〇八年脫離中時集團非屬旺中
以「尊重智慧與創意的文化事業」為信念

國家圖書館出版品預行編目 (CIP) 資料

夢土南極：在探險家的足跡上 修行 / 尹萍著 . -- 初版 . -- 臺北市：時報文化，2017.02
240 面；　公分 . --（人生顧問；CFH260）
ISBN 978-957-13-6906-8（平裝）
1. 遊記 2. 南極

779.9　　106001210